Suhrkamp BasisBibliothek 84

Ödön von Horváth
Glaube Liebe Hoffnung

Ein kleiner Totentanz

Mit einem Kommentar
von Dieter Wöhrle

Suhrkamp

Das vorliegende Bühnenstück folgt der Ausgabe: Ödön von Horváth, *Glaube Liebe Hoffnung. Ein kleiner Totentanz*, in: Ödön von Horváth, *Gesammelte Werke. Kommentierte Werkausgabe in Einzelbänden*. Herausgegeben von Traugott Krischke unter Mitarbeit von Susanna Foral-Krischke, Band 6. Frankfurt am Main: Suhrkamp Verlag 2001 (= suhrkamp taschenbuch 3338), S. 9–69 und S. 134–141.

2. Auflage 2017

Erste Auflage 2007
Suhrkamp BasisBibliothek 84
Originalausgabe

Satz: pagina GmbH, Tübingen
Druck: CPI – Ebner & Spiegel, Ulm
Umschlagabbildung: ÖNB Bildarchiv, Wien: ÖLA, L33
Umschlaggestaltung: Regina Göllner und Hermann Michels
Printed in Germany

ISBN 978-3-518-18884-2

Inhalt

⌐Glaube Liebe Hoffnung⌐

Ein kleiner ⌐Totentanz⌐ in fünf Bildern

Dieses ⌐Theaterstück⌐ wurde unter Mitarbeit
von ⌐Lukas Kristl⌐ verfaßt.

⌐Randbemerkung⌐

⌐Februar 1932⌐ ⌐traf ich auf der Durchreise in München⌐
einen Bekannten namens Lukas Kristl, der schon seit einigen Jahren Gerichtssaalberichterstatter ist. Er sagte mir
5 damals ungefähr folgendes: ich (Kristl) verstehe die Dramatiker nicht, warum nämlich diese Dramatiker, wenn sie
Tatbestand und Folgen eines Verbrechens dramatisch be-
arbeiten, fast immer nur sogenannte Kapitalverbrechen[*]
bevorzugen, die doch relativ selten begangen werden – und
10 warum sich also diese Dramatiker fast niemals um die kleinen Verbrechen kümmern, denen wir doch landauf-landab
tausendfach und tausendmal begegnen, und deren Tatbestände ungemein häufig nur auf Unwissenheit basieren und
deren Folgen aber trotzdem fast ebenso häufig denen des
15 lebenslänglichen Zuchthauses mit Verlust der bürgerlichen
Ehrenrechte, ja selbst der Todesstrafe ähneln.
Und Kristl erzählte mir einen ⌐Fall aus seiner Praxis⌐ – –
und aus diesem alltäglichen Fall entstand der kleine Totentanz *Glaube Liebe Hoffnung*. Die Personen Elisabeth, den
20 Schupo (Alfons Klostermeyer), die Frau Amtsgerichtsrat
und den Oberinspektor hat Kristl persönlich gekannt. Es
ist mir ein Bedürfnis, ihm auch an dieser Stelle für die Mitteilung seiner Materialkenntnisse und für manche Anregung zu danken.
25 Kristls Absicht war, ein Stück gegen die bürokratisch-ver-
antwortungslose ⌐Anwendung kleiner Paragraphen⌐ zu
schreiben – – aber natürlich in der Erkenntnis, daß es kleine
Paragraphen immer geben wird, weil es sie in jeder wie
auch immer gearteten sozialen Gemeinschaft geben muß.
30 Zu guter Letzt war also Kristls Absicht die Hoffnung, daß
man jene kleinen Paragraphen vielleicht (verzeihen Sie
bitte das harte Wort!) humaner anwenden könnte.
Und dies war auch meine Absicht, allerdings war ich mir

Schwere
Straftaten
wie Mord,
schwerer
Raub etc.

jedoch dabei im klaren, daß dieses »gegen kleine Paragraphen« eben nur das Material darstellt, um wiedermal ⌐den
gigantischen Kampf zwischen Individuum und Gesell-
schaft⌐ zeigen zu können, dieses ewige Schlachten, bei dem
es zu keinem Frieden kommen soll – – höchstens, daß mal
ein Individuum für einige Momente die Illusion des Waf-
fenstillstandes genießt.

Wie bei allen meinen Stücken habe ich mich auch bei diesem kleinen Totentanz befleißigt, es nicht zu vergessen, daß
dieser aussichtslose Kampf des Individuums ⌐auf bestialischen Trieben basiert⌐, und daß also die heroische und feige
Art des Kampfes nur als ein Formproblem der Bestialität,
die bekanntlich weder gut ist noch böse, betrachtet werden
darf.

Wie in allen meinen Stücken habe ich auch diesmal nichts
beschönigt und nichts verhäßlicht. Wer wachsam den Versuch unternimmt, uns Menschen zu gestalten, muß zweifellos (falls er die Menschen nicht indirekt kennen gelernt
hat) feststellen, daß ihre ⌐Gefühlsäußerungen verkitscht⌐
sind, das heißt: verfälscht, verniedlicht und nach maso-
chistischer Manier geil auf Mitleid, wahrscheinlich infolge
geltungsbedürftiger Bequemlichkeit – – wer also ehrlich
Menschen zu gestalten versucht, wird wohl immer nur
Spiegelbilder gestalten können, und hier möchte ich mir
erlauben, rasch folgendes zu betonen: ich habe und werde
niemals Juxspiegelbilder gestalten, denn ⌐ich lehne alles
Parodistische ab⌐.

Wie in allen meinen Stücken versuchte ich auch diesmal,
möglichst rücksichtslos ⌐gegen Dummheit und Lüge zu
sein⌐, denn diese Rücksichtslosigkeit dürfte wohl die vor-
nehmste Aufgabe eines schöngeistigen Schriftstellers dar-
stellen, der es sich manchmal einbildet, nur deshalb zu
schreiben, damit die Leut sich selbst erkennen. Erkenne
dich bitte selbst! Auf daß du dir jene Heiterkeit erwirbst,
die dir deinen Lebens- und Todeskampf erleichtert, indem

dich nämlich die liebe Ehrlichkeit gewiß nicht über dich
(denn das wäre Einbildung), doch neben und unter dich
stellt, so daß du dich immerhin nicht von droben, aber von
vorne, hinten, seitwärts und von drunten betrachten
kannst! – –

Glaube Liebe Hoffnung könnte jedes meiner Stücke heißen. Und jedem meiner Stücke hätte ich auch folgende Bi-
belstelle als ⌜Motto⌝ voraussetzen können, nämlich:

*Und der HERR roch den lieblichen Geruch und sprach in
seinem Herzen: Ich will hinfort nicht mehr die Erde ver-
fluchen um der Menschen willen, denn das Trachten des
menschlichen Herzens ist böse von Jugend auf; und ich will
hinfort nicht mehr schlagen alles was da lebet, wie ich getan habe. So lange die Erde stehet, soll nicht aufhören Sa-
men und Ernte, Frost und Hitze, Sommer und Winter, Tag
und Nacht.*

⌜*Mos. I. 8,21*⌝.

Personen: ELISABETH · ⌐Ein Schupo (Alfons Kloster-meyer)⌐ · ⌐Oberpräparator⌐ · Präparator · Vizepräparator · Der Baron mit dem Trauerflor · IRENE PRANTL · Frau Amtsgerichtsrat · Er selbst, der Herr Amtsgerichtsrat · Ein Invalider · Eine Arbeiterfrau · Ein Buchhalter · MARIA · 5 Ein Kriminaler · Der Oberinspektor · Ein zweiter Schupo · Ein dritter Schupo · ⌐JOACHIM⌐, der tollkühne Lebensret-ter

Erstes Bild

Szene Nummer 1

*Schauplatz: Vor dem ⌐Anatomischen Institut⌐ mit ⌐Milch-
glasfenstern⌐.*
5 *Elisabeth will es betreten und sieht sich noch einmal fra-
gend um, aber es ist nirgends eine Seele zu sehen.*
In der Ferne intoniert* ein Orchester den beliebten ⌐Trau-   stimmt an
*ermarsch von Chopin⌐ und nun geht ein junger Schupo
(Alfons Klostermeyer) langsam an Elisabeth vorbei und*
10 *beachtet sie scheinbar kaum.*
Es ist ⌐Frühling⌐.

Szene Nummer 2

ELISABETH *spricht den Schupo plötzlich an, während der
Trauermarsch in der Ferne verhallt:* Entschuldigens
15 bitte – – aber ich suche nämlich die Anatomie.
SCHUPO Das Anatomische Institut?
ELISABETH Dort wo man halt die Leichen zersägt.
SCHUPO Das dort ist das hier.
ELISABETH Dann ist es schon gut.
20 *Stille.*
SCHUPO *lächelt:* Gebens nur acht, Fräulein – – da drinnen
stehen ⌐die Köpf in Reih und Glied⌐.
ELISABETH Ich habe keine ⌐Angst vor den Toten⌐.
SCHUPO Ich auch nicht.
25 ELISABETH Mir graust es noch lange vor nichts.
SCHUPO In diesem Sinne – *Er salutiert legere* und ab.*   lässig

Szene Nummer 3

Elisabeth sieht dem Schupo spöttisch nach – – dann faßt sie
sich ein Herz und drückt auf den Klingelknopf des Ana-
tomischen Instituts. Man hört es drinnen klingeln und
schon erscheint der Präparator in weißem Mantel. Er steht 5
in der Türe und fixiert die anscheinend unschlüssige Eli-
sabeth.

Szene Nummer 4

PRÄPARATOR Sie wünschen?
ELISABETH Ich möchte hier ⌈jemand Zuständigen⌉ spre- 10
chen.
PRÄPARATOR In was für einer Angelegenheit?
ELISABETH In einer dringenden Angelegenheit.
PRÄPARATOR Haben Sie einen angehörigen Toten bei
uns? 15
ELISABETH Es dreht sich um keinen angehörigen Toten, es
dreht sich um ⌈mich selbst persönlich⌉.
PRÄPARATOR Wieso denn das hernach?*
ELISABETH Sind der Herr hier eine zuständige Instanz*?
PRÄPARATOR Ich bin der Präparator. Sie können sich mir 20
ruhig anvertraun.
⌈*Stille*⌉
ELISABETH Man hat mich nämlich extra darauf aufmerksam gemacht, daß man hier seinen Körper verkaufen
kann – – das heißt: wenn ich einmal gestorben sein 25
werde, daß dann die Herren da drinnen mit meiner Leiche im Dienste der Wissenschaft machen können, was
die Herren nur wollen – – daß ich aber dabei das Ho-
norar gleich ausbezahlt bekomme. Schon jetzt.
PRÄPARATOR Das ist mir neu. 30
ELISABETH Man hat mich aber extra darauf aufmerksam
gemacht.

Hier: Worum geht es?

Stelle

PRÄPARATOR Wer denn?

ELISABETH Eine Kollegin.

PRÄPARATOR Was sind Sie denn von Beruf?

ELISABETH Jetzt habe ich eigentlich nichts. Es soll ja noch
5 schlechter werden. ⌜Aber ich lasse den Kopf nicht hängen.⌝

Stille.

PRÄPARATOR Seine eigene Leiche verkaufen – – auf was die
Leut noch alles kommen werden?

10 ELISABETH Man möchte doch nicht immer so weiter.

PRÄPARATOR Ein krasser Irrtum – – *Er holt aus seiner Tasche eine Tüte Vogelfutter und füttert damit die Tauben,
die vom Dache des Anatomischen Instituts herabflie-
gen – – die Tauben kennen den Präparator gut und set-*
15 *zen sich auf seine Schulter und fressen ihm aus der
Hand.*

Szene Nummer 5

*Jetzt begleitet der Oberpräparator einen Baron mit Trau-
erflor aus dem Anatomischen Institut in das Freie.*

20 OBERPRÄPARATOR Wird prompt* erledigt, Herr Baron,
und abermals mein innigstes Beileid.

BARON Danke, Herr Oberpräparator. Ich mache mir die
heftigsten Vorwürfe.

OBERPRÄPARATOR Aber die staatsanwaltschaftlichen Er-
25 hebungen haben doch die völlige Haltlosigkeit der gegen Herrn Baron erhobenen etwaigen Beschuldigungen
ergeben! ⌜Wir alle sind in Gottes Hand.⌝

BARON Trotzdem ich stand ⌜vor Verdun und an der
Somme⌝, aber nichts hat mich so erschüttert, wie diese
30 Katastrophe gestern. Wir waren ja erst seit drei Monaten verheiratet und ich steuerte den Unglückswagen – –

*unverzüglich,
sofort*

in der Unglückskurve. Zwischen Lechbruck und Stein-

Zwei bayr. Ortschaften südl. von Schongau

gaden*. ⌐Nur gut, daß der Leichnam freigegeben ist.⌐

OBERPRÄPARATOR *entdeckt inzwischen den Präparator:* Augenblick bitte! *Er nähert sich dicht dem Präparator und schreit ihn an.* Sie füttern schon wieder die Tauben? 5 Was bilden Sie sich denn ein? Saustall so was! Drinnen liegen die Finger und die Gurgeln nur so herum, daß es eine wahre Freud ist! Tuns die beiden Herzen und die halberte Milz gefälligst in die Schublad! Kreuzkruzifix, ist das aber eine Schlamperei! 10

PRÄPARATOR Aber das Fräulein dort wollte doch ihre Leiche verkaufen, Herr Oberpräparator – –

OBERPRÄPARATOR Ihre Leiche? Schon wieder?
Stille.

BARON Beispiellos. 15

OBERPRÄPARATOR Wir haben es zwar schon weißgottwie-oft dementiert, daß wir keine solchen lebendigen Toten kaufen, aber die Leut glauben halt den amtlichen Ver-lautbarungen nichts! Die bilden sich gar ein, daß der

(lat.) Menschlicher Körper

Staat für ihren Corpus* noch etwas daraufzahlen 20 wird – – gar so interessant kommen sie sich vor! ⌐Immer soll nur der Staat helfen⌐, der Staat!

BARON Eine völlig beispiellose Ansicht über die Pflichten des Staates.

OBERPRÄPARATOR Wird schon noch anders werden, Herr 25 Baron.

BARON Hoffentlich.

Szene Nummer 6

DER VIZEPRÄPARATOR *erscheint mit dem Hute des Ober-präparators rasch in der Tür des Anatomischen Insti-* 30 *tuts:* Telefon, Herr Oberpräparator!

OBERPRÄPARATOR Wer? Ich?

VIZEPRÄPARATOR Es dreht sich etwas um das Gutachten in Sachen Leopoldine Hackinger aus Brünn. Herr Oberpräparator sollen sofort in die Klinik zum Professor – – *Er überreicht ihm seinen Hut.*

5 OBERPRÄPARATOR Sofort! *Er zieht hastig seinen weißen Mantel aus und übergibt ihn dem Vizepräparator, der wieder im Anatomischen Institut verschwindet; zum Baron.* Pardon Baron! Die Kapazitäten* kriegens mir scheint nicht heraus, an was daß diese ⌜Sudetendeut-

10 sche⌝ gestorben ist. ⌜Die Pflicht ruft – –⌝

Hier: Experten; vgl. 25,13

BARON O bitte!

OBERPRÄPARATOR – – und abermals mein innigstes Beileid!

BARON O danke!

15 OBERPRÄPARATOR Habe die Ehre, Herr Baron! *Rasch ab nach rechts.*

BARON Wiedersehen – – *Langsam ab nach links, und wieder ertönen in weiter Ferne einige Takte des Chopinschen Trauermarsches*.*

Vgl. 13,7f.

20 *Langsam fängt es an zu dämmern, denn es ist bereits spät am Nachmittag.*

Szene Nummer 7

PRÄPARATOR *sieht dem Oberpräparator nach:* Ein schlechter Mensch. Die armen Tauben. Glaubens mir,

25 Fräulein: das Beste ist, Sie springen zum Fenster hinaus.

ELISABETH Sie sind aber ein sehr freundlicher Mann, Herr Oberpräparator.

PRÄPARATOR Ich mein es gut mit Ihnen. Wer kauft eine

30 Leiche? Heutzutag!

ELISABETH ⌜Morgen ist auch ein Tag.⌝

PRÄPARATOR Es wird nicht anders.

ELISABETH Das glaub ich nicht.

PRÄPARATOR Sondern vielleicht?

Stille.

ELISABETH *lächelt:* Nein – – das lasse ich mir auch von Ihnen nicht nehmen, ⌜daß ich noch einmal Glück haben werde⌝. Sehens zum Beispiel, wenn ich jetzt meine Leiche hätt verkaufen können, nämlich um ⌜hundertfünfzig Mark – –⌝

PRÄPARATOR *unterbricht sie:* – – hundertfünfzig Mark?

ELISABETH Jawohl.

Stille.

PRÄPARATOR *grinst:* Sie Kind – –

ELISABETH Wie belieben?

PRÄPARATOR Was ist denn Ihr Vater von Beruf?

ELISABETH Ein ⌜Inspektor⌝.

PRÄPARATOR Inspektor? Respekt!

ELISABETH Aber er kann mir halt auch nicht unter die Arme greifen, weil meine Mama im März das Zeitliche gesegnet hat und da hat er gleich soviel Ausgaben gehabt damit.

PRÄPARATOR Was ist schon so ein lumpiger Oberpräparator neben einem Inspektor? Respekt, Fräulein!

ELISABETH Sehens, wenn ich jetzt hundertfünfzig Mark hätt, dann könnt ich jetzt meinen ⌜Wandergewerbeschein⌝ haben und dann würde sich mir die Welt wieder öffnen – – weil ich mit einem Wandergewerbeschein schon morgen eine sozusagen fast selbständige Position bekommen ⌜tät⌝ in meiner ursprünglichen Branche, aus der ich herausgerissen worden bin durch die Zeitumstände.

Stille.

PRÄPARATOR Was war denn das für eine Branche?

ELISABETH ⌜Hüftgürtel, Korsett. Engros.⌝ Auch Büstenhalter und dergleichen.

PRÄPARATOR Interessant.

Stille.

ELISABETH ⌜Wo bist du, goldene Zeit?⌝

Stille.

PRÄPARATOR *kramt aus seiner Brieftasche eine Fotografie*
5   *hervor:* Da schauns mal her – –

ELISABETH *betrachtet die Fotografie:* Ein netter Hund.

PRÄPARATOR Mein Rehpintscher* – –

ELISABETH Aufgeweckt.

PRÄPARATOR Und scharf! Leider ist er mir verreckt.

10 ELISABETH Schade.

PRÄPARATOR *pfeift:* Das war sein Pfiff. Da ist er dann immer gekommen. *Er spricht nun mit der Fotografie.* Burschi, Burschi, jetzt bist hin – – aus ist es mit dem Gas-
si-Gassi – – *Er steckt die Fotografie wieder ein; zu Eli-*
15 *sabeth.* Aber das freut mich von Ihnen, daß Sie mit dem
armen Burschi sympathisieren. Wie heißen denn Sie mit
dem Vornamen?

ELISABETH Elisabeth.

Stille.

20 PRÄPARATOR ⌜Die Kaiserin Elisabeth von Österreich⌝, das
war auch ein gutes braves Weiberl – aber trotzdem ist sie
halt einem ⌜ruchlosen* Attentat⌝ zum Opfer gefallen. In
⌜Genf. Überhaupt der Völkerbund⌝ – – alles ruchlos!
Jetzt hab ich halt noch meine Schmetterlingssammlung
25 und den Kanari* und gestern ist mir eine Katz zugelau-
fen. – Interessiert Ihnen ein Aquarium?

ELISABETH Wie belieben?

PRÄPARATOR Ich hätte auch ein Terrarium*.

ELISABETH Terrarium eher.

30 PRÄPARATOR Also dann kommens halt mal zu mir, Sie
Fräulein Inspektor.

ELISABETH Vielleicht.

Hunderasse
aus dem
österr. Pinzgau

skrupellosen,
gewissenlosen,
gemeinen

(österr.) Kana-
rienvogel

Aufbewah-
rungsort für
Lurche und
Kriechtiere

Szene Nummer 8

Jetzt kehrt der Oberpräparator aus der Klinik zurück und zwar überraschend – (sein Zeigefinger ist dick verbunden), er erblickt den Präparator, stutzt empört und fixiert ihn, der retirieren* möchte, während Elisabeth sich zurückzieht.

sich eilig
zurückziehen

Szene Nummer 9

OBERPRÄPARATOR *nähert sich langsam dem Präparator und hält dicht vor ihm:* Schon wieder? Sie füttern schon wieder die Tauben? *Er fährt ihn plötzlich an.* Jetzt schauens aber, daß Sie verschwinden! *Zu Elisabeth.* Verstanden!
ELISABETH Gewiß. *Ab.*

Szene Nummer 10

OBERPRÄPARATOR *sieht Elisabeth nach:* Na das sind ja saubere Zustände. Statt die ⌜Tumors⌝ endlich zu katalogisieren*, treiben Sie sich da mit dem schönen Geschlecht herum!

in einem
Verzeichnis
auflisten

PRÄPARATOR Irrtum, Herr Oberpräparator! Das Fräulein ist eine verarmte Zollinspektortochter.

Vgl. 18,14

OBERPRÄPARATOR Zollinspektor*?
PRÄPARATOR Jawohl. Und wenn jetzt diese Zollinspektortochter hundertfünfzig Mark hätte, dann hätte sie auch ihren Wandergewerbeschein und die Welt würde sich ihr wieder öffnen – – Ich weiß, daß Sie mich für unfähig halten, Herr Oberpräparator, weil ich ein Aquarium habe und weil ich die Tauben füttere und weil ich ein gutes Herz habe – –

OBERPRÄPARATOR Zur Sache!

PRÄPARATOR Zur Sache: Ich werde dieser Zollinspektortochter unter die Arme greifen. Das steht bei mir felsenfest. Hundertfünfzig Mark.

5 OBERPRÄPARATOR Hundertfünfzig?

PRÄPARATOR Das Fräulein wird es mir schon zurückerstatten.

OBERPRÄPARATOR Mir scheint, Sie glauben noch an Wunder, Sie leichtsinniger Patron*. Sie sollten meine Frau

10 sein, Sie schlaget ich ja tot – – *Er droht ihm neckisch mit seinem dickverbundenen Zeigefinger.*

Hier: Bursche, Kerl

PRÄPARATOR Was haben Sie denn da mit dem Finger? Verletzt?

OBERPRÄPARATOR Infiziert.

15 PRÄPARATOR Doch nicht an einem Leichnam?

OBERPRÄPARATOR Natürlich. Eben zuvor. ⌐An diesem komplizierten Fall aus Brünn.⌐

PRÄPARATOR Passens nur auf, Herr Oberpräparator!
Stille.

20 OBERPRÄPARATOR *betrachtet seinen dickverbundenen Zeigefinger:* Es tut nicht weh, das ist verdächtig – –

PRÄPARATOR ⌐Wenn ich mir zum Beispiel meine Schmetterlingssammlung betrachte, dann denk ich immer, es dreht sich halt alles nach einer höheren Ordnung.⌐

25 OBERPRÄPARATOR Zur Sache: Kommens, die Pflicht ruft!
Ab mit dem Präparator in das Anatomische Institut.
Dunkel.

Zweites Bild

Szene Nummer 1

(süddt.)
Büro eines
Kaufmanns

Schauplatz: Kontor* der Firma Irene Prantl.
Die Prantl ist besonders in ihrem geschäftlichen Leben eine
geschwätzige Person. Jetzt hantiert sie auf ihrem Schreib- 5
tisch mit Abrechnungen, und zwar hat sie es recht wichtig.
Vor ihr sitzt eine ⌜*Frau Amtsgerichtsrat*⌝. *Im Hintergrunde*
stehen Wachspuppen mit Korsett, Hüfthalter, Büstenhal-
ter und dergleichen — — in Reih und Glied, ähnlich wie die
Köpf im Anatomischen Institut. 10

DIE PRANTL Allerhand Hochachtung, Frau Amtsgerichtsrat! Sieben Hüfthalter, sechs Korsetts, elf Paar Straps in
knapp drei Tagen — — gratuliere, gratuliere! Sie haben es
los! Besser als manche Berufsverkäuferin! Ein Talent!

FRAU AMTSGERICHTSRAT Mein Gott, unsereins hat halt so 15
seine bestimmten gesellschaftlichen Bekanntenkreise,

abweisen
die wo einer Frau Amtsgerichtsrat kaum einen Korb ge-
ben* wollen — — —

DIE PRANTL Zu bescheiden, zu bescheiden! Das Verkaufen
ist heutzutage kein Kinderspiel, die Leut schlagen einem 20
die Tür vor der Nase zu!

FRAU AMTSGERICHTSRAT Aber es bleibt doch dabei: Wenn
jemand fragen sollte, dann sagen Sie selbstredend, ich
verkaufe das nur von wegen persönlicher Zerstreuung
und so — — 25

DIE PRANTL Ist doch sonnenklar, wollte sagen: bleibt unter
uns!

FRAU AMTSGERICHTSRAT Bei diesen schweren Zeiten muß
man auch dem eigenen Manne ⌜unter die Arme greifen⌝,
der verdient jetzt noch ganze sechshundert Mark. Da 30

entlassen
wird abgebaut* und abgebaut, aber die Herren Land-

gerichtsdirektoren und Ministerialräte – *Sie stockt, da das Telefon klingelt.*

DIE PRANTL *am Telefon:* Ja. Soll nur gleich herein! – Nur eine Sekunde, Frau Amtsgerichtsrat, wir sind gleich quitt!*

Hier: Wir haben alles geregelt

Szene Nummer 2

ELISABETH *tritt ein.*

DIE PRANTL Grüß Gott, tritt ein zeigens her – habens Ihr Pensum* hinter sich?

Hier: Tagwerk

ELISABETH Hier – – *Sie überreicht der Prantl ihr Bestellbuch.*

DIE PRANTL *blättert:* Was? Zwei Paar Straps, einen Hüfthalter und ein Korsett, das ist doch radikal* nichts!

Hier: absolut

ELISABETH ⌐Das Verkaufen ist heutzutage kein Kinderspiel⌐, die Leut schlagen einem die Tür vor der Nase zu.

DIE PRANTL Also nur keine ⌐Gemeinplätze!⌐ Sie als Vertreterin müssen bei der Kundschaft den Schönheitssinn entwickeln! Jetzt wo das ganze Volk ⌐Gymnastik⌐ treibt und wo man überall ⌐nackerte Weiber sieht⌐, das ist doch für unsere Branche die beste Reklame! Sie müssen Ihnen halt mehr an die Herren der Schöpfung halten, mir ist noch kein Mannsbild begegnet, das wo keinen Sinn für Strapsgürtel gehabt hätte! Wie war es denn in Kaufbeuren?

ELISABETH In Kaufbeuren war nichts.

DIE PRANTL Wieso hernach nichts? Kaufbeuren war doch immer phänomenal!

ELISABETH Ich war aber nicht in Kaufbeuren.

DIE PRANTL Sondern?

ELISABETH Ich wollte nämlich Zeit sparen und bin mit einem Auto gefahren, und zwar direkt in der Luftlinie – aber plötzlich hat die Ölzufuhr ausgesetzt und ich habe in einer Scheune im Walde übernachtet.

DIE PRANTL *fährt sie an:* Im Wald? Meinens ich zahl umsonst?! Wenn Sie da mit derartigen Luftlinien weiter-
machen, haben Sie bis zum Jüngsten Gericht die hundertfünfzig Mark noch nicht hereingearbeitet, die wo
ich Ihnen für Ihren Wandergewerbeschein vorgestreckt 5
habe!

ELISABETH Aber das war doch eine ⌐höhere Gewalt⌐.

DIE PRANTL Wenn ⌐die Angestellten⌐ jetzt auch noch mit
der höheren Gewalt anfangen, dann höre ich auf! Dann
bring ich mich um! Eine Blutvergiftung oder von der 10
Trambahn herausfallen und einen Haxen brechen*, das
laß ich mir noch gefallen, aber den Luxus von einer höheren Gewalt habe ich Irene Prantl mir noch nicht ge-
leistet!

ELISABETH Ich kann doch schließlich nichts dafür. 15

DIE PRANTL Schauns nur nicht gar so geschmerzt, Sie Fräulein höhere Gewalt! Schauns doch nur die Frau Amtsgerichtsrat an! Frau Amtsgerichtsrat hätten es gar nicht
so notwendig und machen es aus purer Zerstreuung und
haben den ⌐vierfachen Umsatz⌐. 20

Szene Nummer 3

*Der Präparator stürzt herein und fährt sogleich auf Elisa-
beth los. Er ist außer Rand und Band.*

PRÄPARATOR Da sind Sie ja, Sie Betrügerin Sie! Sie Hoch-
staplerin Sie! Ihr Vater ist ja gar kein Zollinspektor. 25
Wenn Sie mir das gleich gesagt hätten, daß er kein Zollinspektor ist, sondern bloß so ein Versicherungsinspektor, ja glaubens denn, ich hätte Ihnen hernach eine Existenz verschafft?

ELISABETH Aber das hab ich doch niemals behauptet – 30

PRÄPARATOR *unterbricht sie:* Jawohl haben Sie das behauptet!

(österr.) ein
Bein brechen

ELISABETH Nein! Nie!

PRÄPARATOR *schlägt mit seinem Spazierstock auf der Prantl ihren Schreibtisch, daß die Geschäftspapiere nur so herumflattern und brüllt:* Zollinspektor! Zollinspektor! Zollinspektor!

DIE PRANTL *rettet ihre Geschäftspapiere und kreischt:* Halt! Halt!

Stille.

PRÄPARATOR *verbeugt sich chevaleresk* zur Prantl und zur Frau Amtsgerichtsrat hin:* Entschuldigens meine Herrschaften, daß ich so aus heiterem Himmel, aber neben einem Versicherungsinspektor ist ja sogar noch ein lumpiger Oberpräparator eine Kapazität und diese gefährliche Person dort hat mir mein gutes bares Geld herausgelockt – –

ELISABETH *unterbricht ihn:* Ist ja gar nicht wahr!

DIE PRANTL Ruhe!

PRÄPARATOR Ruhe!

DIE PRANTL *droht mit dem Zeigefinger:* Fräulein, Fräulein – – wer schreit hat unrecht.

PRÄPARATOR ⌐*schreit:* Unrecht! Jawohl!!¬

Stille.

ELISABETH Jetzt sage ich kein Wort mehr.

PRÄPARATOR *gehässig:* Tät Ihnen so passen – –

DIE PRANTL *zum Präparator:* Nehmen Sie Platz bitte!

PRÄPARATOR Danke – – *Er setzt sich.* Ich bin nämlich ein herzensguter Mensch, aber ich vertrag es halt nicht, daß man mich belügen tut.

ELISABETH Ich habe nicht gelogen.

DIE PRANTL Geh so haltens doch endlich den Mund, Fräulein – –

PRÄPARATOR Bitte ich mir aus!

DIE PRANTL *bietet nun dem Präparator Zigaretten an:* Bitte – –

PRÄPARATOR Ich bin so frei – – *Er steckt sich eine an, lehnt*

(franz.)
einem Kavalier
entsprechend

sich bequem zurück und bläst genießerisch den Rauch von sich. Alsdann meine Herrschaften – – kommt diese Person da zur mir in die Wohnung, schleicht sich in meine väterlichen Gefühle hinein und ich zeig ihr mein Aquarium und habe ihr ein Buch über Tibet geliehen 5 und obendrein kauf ich ihr auch noch einen Wandergewerbeschein – – und derweil ist der ihr Vater gar kein Zollinspektor! Ich habe mich nämlich erkundigt, schon wegen meiner inneren Sicherheit als Mensch, weil sich meine Umgebung immer lustig gemacht hat über mein 10 weiches Herz.

DIE PRANTL Wandergewerbeschein? Was denn für Wandergewerbeschein? Den hat doch die dort von mir.

PRÄPARATOR Was?! Von Ihnen auch?!

(lat.) Brauch DIE PRANTL Das ist doch der Usus* im Betrieb. Die Firma 15 streckt den Angestellten die Möglichkeit zum Arbeiten vor und die Angestellten arbeiten es ab. Hundertfünfzig Mark.

PRÄPARATOR *außer sich:* Hundertfünfzig Mark?!
Stille. 20

DIE PRANTL Das ist ⌜Betrug⌝.

ELISABETH *fährt plötzlich los:* Ich bin doch keine Betrügerin!

FRAU AMTSGERICHTSRAT Darauf kommt es auch nicht an, Fräulein! Sondern ob der ⌜Tatbestand des Betruges⌝ er- 25 füllt ist, darauf kommt es an! Sonst würd sich ja die ganze Justiz aufhören!

DIE PRANTL Richtig.

FRAU AMTSGERICHTSRAT Mich geht es ja nichts an und ich persönlich habe mit dem Gericht gottlob nur insoferner 30 etwas zu tun gehabt, als wie daß ich mit einem Richter verheiratet bin. Aber Sie haben ja Ihren Wandergewerbeschein nicht um das Geld dieses Herrn da gekauft, also – – ich höre meinen August schon sagen: Vorspiegelung falscher Tatsachen – – Tatbestand des Betruges. 35

PRÄPARATOR *ist verzweifelt in sich zusammengesunken;*
weinerlich: Ich bin doch ein armer Präparator, der etwas
Gutes getan hat – –

ELISABETH Herr Präparator! Sie werden Ihr Geld schon
5   wiedersehen.

PRÄPARATOR Nein.

ELISABETH Doch, jeden Pfennig.

PRÄPARATOR Wann?

ELISABETH Ich werd es schon abarbeiten.

10 DIE PRANTL Wieso? *Sie liest aus Elisabeths Bestellbuch.*
Zwei Paar Straps, ein Hüfthalter und ein Korsett. Und
höhere Gewalt.

PRÄPARATOR *fährt hoch:* »Höhere Gewalt«! Betrug! Gebens mir auf der Stell mein Geld zurück, Sie!

15 ELISABETH Ich habe es jetzt nicht.

DIE PRANTL Aber Ihren Wandergewerbeschein haben Sie
doch von mir!

ELISABETH Das schon.

PRÄPARATOR Na also!

20 ELISABETH Aber das Geld von dem Herrn habe ich zu etwas Dringenderem gebraucht.

DIE PRANTL Das wird ja immer interessanter!

ELISABETH Meinetwegen. Ich habe es zu einer Geldstrafe
gebraucht.

25 PRÄPARATOR *wieder außer sich:* Was?! Sie haben mit der
Justiz schon etwas gehabt?! Eine Vorbestrafte sind Sie
also?! Aber Ihnen bring ich noch in das Zuchthaus, das
garantier ich Ihnen! Ich war Ihr letztes Opfer! *Er rast ab.*

Szene Nummer 4

30 DIE PRANTL Gediegen*! Sehr gediegen!

FRAU AMTSGERICHTSRAT Wenn der Herr da jetzt das be-
schwört, das mit dem Zollinspektor und Versicherungsinspektor, dann werden Sie verurteilt.

Hier ironisch:
Gelungen

DIE PRANTL Zuchthaus.

FRAU AMTSGERICHTSRAT Aber was! Nur Gefängnis und sonst nichts! Zirka vierzehn Tag.

ELISABETH Jetzt werden alle denken, daß ich die größte Verbrecherin bin.

DIE PRANTL ⌜Gedanken sind zollfrei⌝ und besonders, wenn man es einem verschweigt, daß man schon vorbestraft ist.

ELISABETH Ich bin doch nicht verpflichtet, Ihnen das zu sagen.

DIE PRANTL Also nur nicht so von oben herab! Dieser Skandal ist eine Affenschand. Sie gehen natürlich fristlos – – jetzt bleibens aber nur da, bis daß die Polizei kommt! *Ab.*

Szene Nummer 5

FRAU AMTSGERICHTSRAT Mich geht es ja nichts an, aber vorbestraft ist immer schon arg.

ELISABETH *sagt es auf wie ein Schulmädchen:* ⌜Ich bin vorbestraft, weil ich ohne Wandergewerbeschein gearbeitet habe – – und da hat man mir eine Geldstrafe von einhundertundfünfzig Mark hinaufgehaut*, bezahlbar in Raten. Aber dann ist alles fällig geworden und ich hätt dafür in das Gefängnis müssen und meine Zukunft wäre wieder in das Wasser gefallen – – und so habe ich dafür dem Herrn Präparator sein Geld aufgebraucht.⌝

FRAU AMTSGERICHTSRAT Also tuns nur nicht viel leugnen und zeigens Ihnen nicht gescheiter als wie der Richter ist. ⌜Mein Mann ist ja ein braver Mensch⌝, aber tuns die Verhandlung nur ja nicht in die Länge ziehn durch unnötige Verteidigung!! Wenn ich zuhaus beim Mittagessen sitz und vergeblich auf ihn wart und er kann nicht weg, weil die Sitzung so lang dauert, dann hört auch bei

ihm das Verständnis auf – – Wissens, die Angeklagten müssen halt auch ein Einsehen haben, daß ⌜schließlich⌝ ⌜der Richter auch nur ein Mensch ist⌝.
Dunkel.

Drittes Bild

Szene Nummer 1

Schauplatz: Vor dem ⌜Wohlfahrtsamt⌝ mit minimalem Vor-
garten.
Gruppe debattierender Kunden des Wohlfahrtsamtes, und 5
zwar eine Arbeiterfrau, ein älterer Buchhalter und ein
<u>*Fräulein namens Maria.*</u> *Auch Elisabeth ist dabei. Sie lehnt*
an dem Vorgartengitter und sonnt sich in der schwachen
⌜*Spätnachmittagssonne*⌝.
Jetzt humpelt ein Invalider aus dem Wohlfahrtsamt. 10

Szene Nummer 2

INVALIDER Bravo bravo! Jetzt wollen die da drin im Wohl-
fahrtsamte auch nicht zuständig sein, jetzt soll ich wieder woanders hin – Kreuzkruzefix!

ARBEITERFRAU Sie müßten halt zur ⌜Invalidenversiche- 15
rung⌝.

INVALIDER Invalidenversicherung sagt, das geht ihnen
nichts an, das geht die ⌜Berufsgenossenschaft⌝ was an.
Berufsgenossenschaft sagt, meine Füße wären vor dem
Unfall auch schon schlecht gewesen, weil ich vorher 20
schon Krampfadern und Plattfüße gehabt hätte – – –
und der Herr Sachverständige hat es mir in das Gesicht
hinein gesagt, ich könnt schon längst ohne Stock pro-
menieren*, wenn ich nur möchten tät!

BUCHHALTER Warens denn schon beim ⌜Spruchaus- 25
schuß⌝?

INVALIDER Die haben es ja bestätigt, daß mich die Berufsgenossenschaft von sechzig auf vierzig Prozent herun-
tergesetzt hat – das haben mir die ja direkt in das Urteil

(franz.)
spazieren
gehen

hineingeschrieben, daß bei dem Beschwerdeführer der Anreiz fehlen täte, weil er vorher beim Arbeiten auch nicht recht viel mehr verdient hätt, als wie jetzt mit der Rente!

5 Szene Nummer 3

Nun verstummt alles und rührt sich nicht, denn ein Schupo (Alfons Klostermeyer) geht langsam vorbei und beobachtet scheinbar keine Seele. Langsam fängt es bereits an zu dämmern.

10 Szene Nummer 4

ARBEITERFRAU *sieht dem Schupo nach:* ⌐Der Herr General – –⌐
BUCHHALTER Unser täglich Brot gib uns heute.
MARIA Bei mir ist das noch schlimmer.
15 INVALIDER Wie das?
MARIA Weil wir eine Familie von sieben Köpfen sind und das achte ist unterwegs – – aber weil mein Vater in der Woche vierzig Mark heimtragt, ziehens mir sogar noch etwas ab.
20 INVALIDER Alles Schwindel!
ELISABETH Mir wollen die auch nichts geben, weil mein Vater noch etwas verdient.
BUCHHALTER Was ist denn Ihr Vater?
ELISABETH Versicherungsinspektor. Entschuldigens, aber
25 jetzt muß ich lachen – – *Sie lacht.*
ARBEITERFRAU Warum lachst denn da, damische* Gretl? (bayr.) dumme
ELISABETH *hört plötzlich auf.*
ARBEITERFRAU So geh halt heim!
ELISABETH Nein!

ARBEITERFRAU Nachher bist selber schuld! Hat einen Inspektor zum Vater – –

ELISABETH *unterbricht sie:* Versicherungsinspektor!

ARBEITERFRAU Ist ja wurscht!

ELISABETH *grinst:* Oho! 5

BUCHHALTER ⌈Dummheit und Stolz wachsen auf einem Holz.⌉

ARBEITERFRAU Hat ein Zuhause und nützt es nicht aus!

ELISABETH Bei mir hat das einen bestimmten Grund.

ARBEITERFRAU ⌈Hast denn gar etwas angestellt?⌉ 10

ELISABETH *lächelt unsicher:* Sieht man es mir denn an?
Stille

BUCHHALTER *grinst:* ⌈Nicht alles ist Gold, was glänzt – –⌉
Ab.

Szene Nummer 5 15

MARIA *zu Elisabeth:* Man muß sich halt alles gefallen lassen.

ELISABETH Ich will nicht mehr erinnert werden.

Szene Nummer 6

INVALIDER *zählt für sich:* Wohlfahrtsamt. ⌈Arbeitsamt.⌉ 20
Berufsgenossenschaft. Invalidenversicherung. Spruchausschuß – – Auf Wiedersehen im Massengrab!
Ab.

Szene Nummer 7

ARBEITERFRAU *für sich:* Massengrab – – – Wie lang das 25
dauert, bis daß einer für dich zuständig ist – –
Ab.

Szene Nummer 8

MARIA Was habens denn angestellt?

ELISABETH Nichts.

MARIA Aber eingesperrt hat man Sie doch?

5 ELISABETH *schweigt.*

MARIA Mir könnens das ruhig sagen – – ich weiß, wie das
kommt. Das sind lauter kleine Paragraphen*, aber du   Vgl. 9,26
bleibst hängen – – – Du weißt eigentlich gar nicht, was
los war und schon ist es aus. Schauns, meinem Vater
10 habens gleich zehn Tag hinaufgehaut*, weil er da paar   Vgl. 28,21
Bretter vom Bauplatz gestohlen hat – – – die sind halt so
dagelegen und in unserer Holzhütten, da hat es in die
Betten hineingeregnet. Wenn man schon etwas anstellt,
dann müßt es sich aber auch rentieren tun.

15 ELISABETH *schweigt noch immer, es ist inzwischen Nacht
geworden und die beiden Fräulein sitzen nun allein auf
dem Sockel des Vorgartengitters in dem Licht, das aus
den Fenstern des Wohlfahrtsamtes herausstrahlt.*

MARIA Warens schon einmal verheiratet?

20 ELISABETH Nein.
Stille.

ELISABETH Wissens, mein Vater und ich, wir sind zwei verschiedene Personen. Zum Beispiel, wie ich das Licht der
Welt erblickt habe, da war er ganz außer sich, daß ich
25 nur ein Mädel bin. Und das hat er mir dann fortgesetzt
nachgetragen. Dabei hat er aber Allüren* wie ein Welt-   (franz.)
mann. Wenn meine Mutter nicht schon tot wär, die   Auffallende
könnt darüber so manches trübe Lied zum besten geben.   Umgangs-
⌈Alle Männer sind krasse Egoisten.⌉   formen

30 MARIA Bei Ihnen ist halt der Richtige noch nicht gekommen.

ELISABETH Möglich.

MARIA Der kommt ganz überraschend. Wenn man gar
nicht denkt.

35 *Stille.*

ELISABETH Mir ist von zehntausend Männern höchstens
einer sympathisch.

MARIA Das schon.

ELISABETH Ich hab immer selbständig sein wollen – – so
mein eigener Herr.   5

MARIA Das geht nicht.

Stille.

MARIA Ich hätte ja nichts dagegen, wenn mich einer heiraten tät. Nur schlagen dürft er mich nicht – – Was ma-
chens denn jetzt?   10

ELISABETH Nichts.

Stille.

MARIA Wir könnten eigentlich per du sein.

ELISABETH Gewiß.

Stille.   15

MARIA *erhebt sich plötzlich:* Geh komm mit! Schaun wir
mal da vor – – – ⌈da sitzt schon einer drinn, der uns ein
Schinkenbrot kauft⌉!

ELISABETH Also nur das nicht!

Stille.   20

MARIA Warum?

ELISABETH Nein. Aus Selbsterhaltungsprinzip nicht.

Stille.

MARIA ⌈Da staunt der Fachmann und der Laie wundert
sich – –⌉   25

Szene Nummer 9

Jetzt erscheint der Baron mit dem Trauerflor – – er sieht
Hier: *etwas ramponiert* aus, müde und verbittert. Maria er-*
ungepflegt   *blickt ihn und starrt ihn fasziniert an.*

BARON *grüßt chevaleresk:** Kompliment Madonna! Ich habe es schon befürchtet, daß du vielleicht nicht erscheinst.

5 MARIA *tonlos:* Ehrensache.

Stille.

BARON *erkennt Elisabeth:* Ach! *Er lüftet den Hut und lächelt maliziös**.

MARIA Wieso? Du kennst meine fremde Freundin da?

10 BARON »Fremd«? *Zu Elisabeth.* Ursprünglich wollten Sie doch Ihre werte Leiche verkaufen?

MARIA Leiche?

BARON *glättet seinen etwas zerknüllten Trauerflor:* Ja, das waren bessere Zeiten. Damals hatte ich noch meine Ge-

15 neralvertretung – –

ELISABETH *grinst:* Korsette vielleicht?

BARON Nein, Likör. Jetzt bin ich parterre*.

MARIA ⌈*betrachtet sich in ihrem Taschenspiegel*⌉ *im Lichte, das aus dem Wohlfahrtsamt herausfällt:* Hugo! Fällt dir

20 denn nichts auf an mir?

BARON Ich wüßt es nicht momentan – –

MARIA Da – – *Sie fletscht die Zähne.* Ich hab seit vorgestern zwei Stiftzähne da vorn – – Weißt, meine beiden Zähne waren doch ganz Bruch und schwarz, weil halt

25 der Nerv schon abgestorben war.

BARON *lächelt hinterlistig:* Du hast dich zu deinem Vorteil verändert.

MARIA Ich gefall mir.

Vgl. 25,9

(franz.)
boshaft

(franz.) Hier:
am Boden,
zerstört sein

Szene Nummer 11

(süddt.)
Kriminal-
polizist

Jetzt erscheint ein Kriminaler*, und zwar hinter Maria, die noch ihre Stiftzähne in ihrem Taschenspiegel betrachtet. Der Baron zieht sich etwas zurück und der Kriminaler wartet, bis sich Maria umdreht. Nun erblickt sie ihn und zuckt etwas zusammen. 5

Szene Nummer 12

KRIMINALER Sie kommen mit. Sie wissen genau warum.

MARIA *kleinlaut:* Ich weiß gar nichts.

KRIMINALER So, Sie wissen gar nichts – – 10

BARON Und meine Manschettenknöpfe?
　　Stille.

MARIA *leise:* Jesus Maria.

BARON Wer hat sie mir denn gestohlen?

KRIMINALER Kriminalpolizei. Sie kommen mit. 15

verpfiffen,
verraten,
angezeigt

MARIA *fixiert den Baron:* Du hast mich verschuftet*?

KRIMINALER Sind Sie augenblicklich ruhig!

MARIA Du? Dem ich drei Mark geliehen hab? Drei Mark?

KRIMINALER Halten Sie Ihren Mund.

BARON *grüßt wieder chevaleresk:* Kompliment, Ma- 20
　　donna! *Ab.*

MARIA Du Sau du dreckige!

Handschelle

KRIMINALER *legt ihr rasch die Schließzange* an:* Maul halten! Vorwärts! *Er zerrt sie mit sich ab.*

MARIA Au!! 25

Szene Nummer 13

Der Schupo (Alfons Klostermeyer) kommt rasch auf das Geschrei hin herbei, hält und erblickt Elisabeth. Und sie erblickt ihn.

Szene Nummer 14

SCHUPO Was hat sich denn da abgespielt?

ELISABETH *lächelt böse:* Nichts. Es ist bloß ein Fräulein
verhaftet worden. Wegen Nichts.

5 SCHUPO Geh, das gibt es doch gar nicht!

ELISABETH Trotzdem.

Stille.

ELISABETH Was starrens mich denn so an?

SCHUPO *lächelt:* Ist denn das verboten?

10 *Stille.*

SCHUPO Sie erinnern mich nämlich. Besonders in Ihrer
Gesamthaltung. An eine liebe Tote von mir.

ELISABETH Sie reden so mystisch* daher.

Stille.

Hier:
geheimnisvoll

15 SCHUPO Welche Richtung gehens denn jetzt?

ELISABETH Wollens mich gar begleiten?

SCHUPO Ich hab heut keinen Dienst mehr.

ELISABETH Ich geh lieber allein.

SCHUPO *ohne Hintergedanken:* Habens die Polizei nicht
20 gern?

ELISABETH *zuckt etwas zusammen:* Wieso?

SCHUPO Weil Sie nicht wollen, daß ich Sie begleite. Es muß
doch auch Polizisten geben, Fräulein! In jedem von uns
schlummert zum Beispiel ein ⌐Eisenbahnattentäter⌐.

25 ELISABETH In mir nicht.

SCHUPO Geh das gibt es doch gar nicht!

ELISABETH *ahmt ihn nach:* »Das gibt es doch gar nicht!«

SCHUPO *lächelt:* Sie tun ja direkt, als wärens schon einmal
hingerichtet worden.

30 ELISABETH Es kümmert sich keiner darum.

SCHUPO ⌐Man darf die Hoffnung nicht sinken lassen.⌐

ELISABETH ⌐Das sind Sprüch.⌐

Stille.

SCHUPO Ohne ⌐Glaube Liebe Hoffnung⌐ gibt es logischer-
35 weise kein Leben. Das resultiert alles voneinander.

ELISABETH Sie haben leicht reden als Staatsbeamter in gesicherter Position.

SCHUPO ⌜Wir müssen doch alle mal sterben.⌝

ELISABETH Hörens mir auf mit der ⌜Liebe⌝!

Stille. 5

SCHUPO Fräulein. Jetzt hörens mich aber genau an – nämlich ich beobachte Sie hier vor dem Wohlfahrtsamt bereits schon seit Tagen. Weil Sie mich halt auch erinnern tun – – – an eine liebe Tote, wie gesagt.

ELISABETH Wer war denn diese Tote? 10

SCHUPO Meine Braut.

Stille.

SCHUPO Wir waren nämlich ⌜ein Herz und eine Seele⌝. Aber sie hatte es mit der Leber zu tun und jetzt geht mir direkt etwas ab. Warum lächeln Sie da? 15

ELISABETH Nur so.

Stille.

SCHUPO Sie sind anscheinend sehr verbittert.

ELISABETH Ich geh schnell.

SCHUPO Sie können schnell gehen, aber ich kann auch 20
schnell gehen.

In der Ferne fällt ein Schuß – – – dann noch einer und noch einer; jemand brüllt.

Stille.

SCHUPO *lauscht:* Was war denn jetzt das? Mir scheint, die 25
schießen wieder aufeinander. Also das ist ja schon schier zum Verrücktwerden, dieser latente* ⌜Bürgerkrieg⌝ – – ich schau nur mal nach und bin gleich wieder da, wartens bitte auf mich!

ELISABETH Gut. 30

SCHUPO *ab nach rechts.*

(lat.) nicht unmittelbar sichtbare

Szene Nummer 15

Jetzt kommen Frau Amtsgerichtsrat und er selbst der Amtsgerichtsrat von links.

FRAU AMTSGERICHTSRAT So folge mir doch, August! Geh
jetzt da schön hinein in das Wohlfahrtsamt und sag es
dem Herrn Regierungsrat, daß du ihm heute abend leider nicht zur Verfügung stehen kannst, denn du mußt
dich auch mal deiner Ehehälfte widmen.

AMTSGERICHTSRAT Ich geh aber nur ungern ins ⌐Kino⌐.
Zwei Stunden ohne Zigarre.

FRAU AMTSGERICHTSRAT O, das tut dir gut! So denk doch
an deinen Darm!

AMTSGERICHTSRAT Ich denke. Der Sanitätsrat hat mich
erst gestern wieder gewarnt.

FRAU AMTSGERICHTSRAT Mich hat er auch gewarnt, daß
ich wegen meiner Drüsen nicht soviel Treppen steigen
soll – –

AMTSGERICHTSRAT *unterbricht sie:* Mußt du denn Korsette verkaufen?! Kompletter Irrsinn!

FRAU AMTSGERICHTSRAT Ich will aber nicht um jeden
Pfennig bei dir betteln!

AMTSGERICHTSRAT Versündige dich nicht! Was weißt
denn du schon von der großen Not? Wo man doch tag-
aus tagein die armen Leut verurteilen muß, zu guter
Letzt bloß weil sie kein Dach über dem Kopf haben!

FRAU AMTSGERICHTSRAT Dann würd ich sie halt nicht verurteilen.

AMTSGERICHTSRAT Hermine!
Stille.

AMTSGERICHTSRAT So. Und jetzt sag ich es dem Herrn
Regierungsrat, daß es heute nichts wird mit unserm
⌐Tarock⌐, weil ich mich meiner Ehehälfte widmen
möchte – – aber freu dich, wenn das Kino wieder ein

Kitsch ist, du ⌜Mickymaus⌝ – – *Ab in das Wohlfahrts-amt.*

Szene Nummer 16

Frau Amtsgerichtsrat erblicken nun Elisabeth: Sie fixieren sich, aber Elisabeth will niemand mehr kennen aus ihrer Vergangenheit – – doch Frau Amtsgerichtsrat lassen nicht locker.

Szene Nummer 17

FRAU AMTSGERICHTSRAT Komisch. Wir kennen uns doch – –

ELISABETH *sieht sich ängstlich um:* Bitte kennen Sie mich nicht, Frau Amtsgerichtsrat –

FRAU AMTSGERICHTSRAT Also nur keine Angst, Fräulein! Mich geht es ja nichts an, aber wieviel habens denn bekommen?

ELISABETH Vierzehn Tage.

FRAU AMTSGERICHTSRAT Sehens, das hab ich Ihnen gleich gesagt!

ELISABETH Aber ohne Bewährungsfrist.

FRAU AMTSGERICHTSRAT Ohne?

ELISABETH Weil ich halt vorher schon die Geldstrafe gehabt habe – – *Sie grinst.* Wenn ich nur wüßt, was ich verbrochen hab – –

FRAU AMTSGERICHTSRAT O ich weiß, wie das zugeht! Mir müssen Sie das nicht erzählen! Lauter Ungerechtigkeiten – – und eine neue Stellung habens natürlich auch keine?

ELISABETH Nein. Aber zuvor habe ich einen Herrn kennengelernt und dieser Herr hat mir von seiner toten Braut erzählt – – *Sie grinst wieder.*

FRAU AMTSGERICHTSRAT Das Beste für Sie wär allerdings: Heiraten.

ELISABETH *tonlos:* Ich sage nicht nein.

FRAU AMTSGERICHTSRAT Man könnt Ihnen gratulieren.

ELISABETH Wir haben uns durch einen Zufall kennengelernt.

FRAU AMTSGERICHTSRAT So fängts an. Kenn ich Fräulein. Kenn ich!

ELISABETH Vielleicht ist das der große Zufall in meinem Leben.

FRAU AMTSGERICHTSRAT Was ist er denn, der Bräutigam in spe*? (lat.) zukünftige

ELISABETH Staatsbeamter.

FRAU AMTSGERICHTSRAT Staatsbeamter? Weiß er denn etwas von Ihren vierzehn Tagen?

ELISABETH Nein.

FRAU AMTSGERICHTSRAT Hm. Das müßtens ihm aber schon sagen, sonst könnt er eventuell Unannehmlichkeiten kriegen mit seiner Karriere – –

ELISABETH Ist denn das möglich?

FRAU AMTSGERICHTSRAT Absolut.

ELISABETH Dort kommt er jetzt wieder zurück.

FRAU AMTSGERICHTSRAT Wo? – – – Was? Ein Polizist? – – – Na mich geht es ja nichts an. Alles Gute, Fräulein! *Sie zieht sich von ihr zurück.*

Szene Nummer 18

SCHUPO *erscheint wieder; zu Elisabeth:* So jetzt bin ich frei. Sie haben einen Unbeteiligten erschossen. Daß wir gerade in einer solchen Zeit leben müssen, das denk ich mir oft, Fräulein … *Er deutet plötzlich auf die Frau Amtsgerichtsrat.* Was will denn diese Frau dort von Ihnen?

ELISABETH *lügt:* Ich kenne sie nicht.

SCHUPO Weil sie uns so anstarrt.

ELISABETH Vielleicht verwechselt sie uns. Man verwechselt doch leicht einen Menschen.

SCHUPO Das schon. Zwar wenn ich als Staatsgewaltsorgan zwei Menschen miteinander verwechseln tät – – das wär nicht gut für meine Karriere.

ELISABETH Ist das bei Ihnen wirklich so streng?

SCHUPO Sehr. Und oft schon direkt ungerecht. Ist Ihnen denn kalt, weil Sie mit die Zähn so klappern?

ELISABETH Ja.

SCHUPO Sehr?

ELISABETH Ziemlich.

SCHUPO Ich tät Ihnen schon gern meinen Mantel umhängen, ich brauch ihn nämlich nicht, aber das ist mir verboten.

ELISABETH *lächelt:* Der Mantel ist halt immer im Dienst.

SCHUPO ⌐Pflicht ist Pflicht.⌐

ELISABETH Kommens, hier zieht es so grausam – – *Langsam ab mit dem Schupo.*

Szene Nummer 19

Jetzt verlassen der Herr Amtsgerichtsrat wieder das Wohlfahrtsamt.

FRAU AMTSGERICHTSRAT *plötzlich klatschsüchtig:* Du August – – dort drüben geht das Fräulein von der Prantl, das war doch der Betrugsfall mit dem Versicherungsinspektor und Zollinspektor.

AMTSGERICHTSRAT Keine Ahnung!

FRAU AMTSGERICHTSRAT Aber du hast sie doch verurteilt – –

AMTSGERICHTSRAT Möglich!
Stille.

FRAU AMTSGERICHTSRAT Daß du ihr aber keine Bewährungsfrist gegeben hast, das war ungerecht von dir – –
AMTSGERICHTSRAT *wütend:* Kümmere dich um deine eigenen Ungerechtigkeiten, Hermine!
5   *Dunkel.*

Viertes Bild

Szene Nummer 1

Schauplatz: Elisabeths ⌜möbliertes Zimmer⌝.
Der Schupo (Alfons Klostermeyer) liegt in Unterhosen im
Bett und döst vor sich hin. Elisabeth kocht Kaffee und   5
betrachtet ab und zu die weißen ⌜Herbstastern⌝, die in einer
Vase neben dem Spirituskocher stehen. Draußen scheint
die ⌜Oktobersonne⌝, aber die Gardinen sind halb herunter-
gelassen und das Ganze ist ein ⌜Bild des glücklichen Frie-
dens zweier liebender Herzen⌝.   10

Szene Nummer 2

ELISABETH *riecht an den weißen Herbstastern:* Wie lang,
    daß die sich halten. Schon fünf Tage. Das hätt ich jetzt
    aber ursprünglich nicht gedacht, daß du mir weiße
    Herbstastern kaufen wirst.   15
SCHUPO Mir hat das sofort ⌜eine innere Stimme gesagt⌝.
ELISABETH Trotzdem.

SCHUPO Hast gedacht, so ein schneidiger* Schupo, das ist
    ein leichtlebiger Falter? Der möchte nur eine mit viel
    Geld? Weit gefehlt! Ich schätze eine Frau höher ein, die   20
    von mir abhängt, als wie umgekehrt. Krieg ich noch ein
    Küßchen?
ELISABETH Ja.
SCHUPO Ist der Kaffee bald fertig?
ELISABETH Sofort.   25
SCHUPO *nimmt die ⌜Kopfhörer⌝ vom Nachtkastl* und legt*
    sie sich an: Stramm! Schneidig – – *Er summt den ⌜Ra-*
    detzkymarsch⌝ mit, den die Militärmusik im Radio ge-
    rade spielt.

selbstbe-
wusster,
fescher

(österr.)
Nachttisch

ELISABETH Du Alfons – – gestern abend war das eine wunderbare ⌐Opernübertragung. Aida⌐.

SCHUPO *legt die Kopfhörer wieder auf das Nachtkastl:* Hast mich also gar nicht vermißt?

5 ELISABETH Aber Alfons!

SCHUPO Krieg ich noch ein Küßchen?

ELISABETH Hier hast den Kaffee – – *Sie bringt ihm eine Tasse.* Und hier hast das Küßchen – – *Sie gibt es ihm und setzt sich auf den Bettrand.*

10 SCHUPO *genießt den Kaffee:* Ich bin ja nur froh, daß es schon heute ist. Ständig erhöhte Alarmbereitschaft – – gut, daß ⌐die blöden Wahlen⌐ vorbei sind! Erst vorgestern nacht habens wieder einen Kameraden von mir erschossen.

15 ELISABETH Es müssen halt immer viele Unschuldige dran glauben.

SCHUPO Das läßt sich nicht umgehen in einem geordneten Staatswesen.

ELISABETH Das seh ich schon ein, daß es ungerecht zuge-
20 hen muß, ⌐weil halt die Menschen keine Menschen sind⌐ – aber es könnt doch auch ein bißchen weniger ungerecht zugehen.

SCHUPO Also das ist Philosophie. Was gefällt dir eigentlich an mir?

25 ELISABETH Alles.

SCHUPO Aber welches Wort würde denn am besten zu mir passen?

ELISABETH Ich weiß es nicht.

SCHUPO Geh das wirst du doch wissen!

30 ELISABETH Du hast dich etwas verändert, Alfons. Früher warst du trauriger.

SCHUPO Wie das?

ELISABETH Halt melancholischer.

SCHUPO O das bin ich jetzt auch noch! Das wäre ja ge-
35 lacht!

ELISABETH Entschuldige – – *Sie erhebt sich.*
SCHUPO Wohin? Ach so. Tu deinen Gefühlen nur kein Korsett an.
ELISABETH *schrickt etwas zusammen, scharf:* Wieso Korsett? 5
SCHUPO *überrascht:* Warum?
Stille.
ELISABETH *lächelt:* Entschuldige bitte, aber ich bin heut halt etwas nervös – – *Sie verschwindet.*

Szene Nummer 3 10

SCHUPO *allein:* – – melancholisch? Noch melancholischer? – – Wieso noch melancholischer?

Szene Nummer 4

ELISABETH *erscheint wieder.*
SCHUPO Das hat aber lang gedauert. 15
ELISABETH Lang?
SCHUPO Doch nichts besonderes?
ELISABETH Bitte werde deutlicher.
SCHUPO Ich hab nämlich immer achtgegeben.
ELISABETH Achso. 20

Szene Nummer 5

Jetzt klopft es an die Türe. Die zwei liebenden Herzen lauschen – – abermals klopft es, und zwar entschiedener.

SCHUPO Pst! Niemand zuhause.
ELISABETH Wer kann das sein? 25

Szene Nummer 6

STIMME Kriminalpolizei!

ELISABETH Jesus Maria!

SCHUPO Polizei? Und ich lieg da. ⌐Ausgerechnet Bananen!⌐

5   *Er packt rasch seine Kleidungsstücke und versteckt sich im Schrank.*

Szene Nummer 7

Es klopft nun noch entschiedener an die Türe. Elisabeth öffnet und ein Herr betritt ihr möbliertes Zimmer. Es ist

10 *ein Oberinspektor der* ⌐Sittenpolizei⌐.

Szene Nummer 8

OBERINSPEKTOR ⌐Geduld bringt Rosen.⌐ *Er sieht sich um und deutet auf das unordentliche Bett.* Ich habe Sie wohl im Schlaf gestört?

15 ELISABETH Warum?

OBERINSPEKTOR Sie wissen genau warum.

ELISABETH Ich bin heut nicht ganz auf dem Damm.

OBERINSPEKTOR Es gibt allerdings Leute, die haben Nachtdienst und sind deshalb untertags ruhebedürftig.

20 ELISABETH Wie meinen Sie das?

OBERINSPEKTOR *hält einen Sockenhalter hoch, den er auf dem Stuhle gefunden hat:* Fräulein pflegen wohl Sockenhalter zu tragen?

Stille.

25 ELISABETH Was will man denn von mir?

OBERINSPEKTOR Sie haben von der Polizei einen Unterkommensauftrag* gekriegt, darauf steht, daß sie sich innerhalb dreier Wochen um ein e i n w a n d f r e i e s Unter-

> * Auftrag, sich eine Unterkunft zu verschaffen

kommen umsehen sollen. Aber Sie haben weder Arbeit, noch haben Sie nachgewiesen, daß Sie sich um eine solche bemüht haben.

ELISABETH Kümmern Sie sich doch um die Leut, die kein Unterkommen haben!

OBERINSPEKTOR Keine Hetzreden bitte! Polizeiwidrig ist nicht, wer kein Unterkommen hat, polizeiwidrig ist nur, wer dadurch die öffentliche Ordnung gefährdet.

ELISABETH Aber ich gefährde doch nicht die öffentliche Ordnung!

OBERINSPEKTOR Solange Sie sich nicht über Ihre Einkünfte ausweisen können, ist dies fraglich.

ELISABETH Für mich wird schon gesorgt.

OBERINSPEKTOR Eben diese freundliche Fürsorge interessiert uns.

ELISABETH Das habe ich doch schon früher angegeben. Ich erhalte von meinem Bräutigam zwanzig Mark in der Woche. Davon lebe ich.

OBERINSPEKTOR Wer ist denn dieser Bräutigam?
Stille.

OBERINSPEKTOR Sie nennen also den Namen nicht?

ELISABETH Nein.

OBERINSPEKTOR Und warum nicht?

ELISABETH Weil ich meinem Bräutigam kraft seiner Position eventuell schaden täte.

OBERINSPEKTOR *grinst:* Hübsch! Sehr hübsch – – Eventuell sind bei diesen zwanzig Mark mehrere Bräutigams beteiligt.

ELISABETH Das ist eine Unverschämtheit – –

OBERINSPEKTOR *unterbricht sie:* Immer nur schön ruhig, Fräulein! Sie entschuldigen, wenn ich indiskret werden – *Er öffnet plötzlich den Kleiderschrank und ist nicht überrascht, einen Mann darin zu finden, aber daß dieser Mann ein Schupo in Unterhosen ist, der von seiner Uniform nur den Rock und die Mütze anhat, scheint ihn etwas peinlich zu berühren.*

Szene Nummer 9

SCHUPO *steht stramm im Kleiderschrank.*

OBERINSPEKTOR Sie hier?

SCHUPO Es ist alles wahr, was das Fräulein gesagt hat,
5   Herr Oberinspektor.
    Stille.

OBERINSPEKTOR *zu Elisabeth:* Bitte, lassen Sie uns mal et-
    was allein – –

ELISABETH *zögert.*

10 SCHUPO *zu Elisabeth:* Sei so gut.

ELISABETH Bitte – – *Ab.*

Szene Nummer 10

OBERINSPEKTOR Hier verbringen Sie also Ihre freien Stun-
    den.

15 SCHUPO *ist aus dem Kleiderschrank heraus und zieht sich*
    nun hastig an: Wenn ich eine Aufklärung geben darf,
    Herr Oberinspektor – – hier liegt bestimmt ein Irrtum
    vor.

OBERINSPEKTOR Irrtum?! Mensch, wie kommen Sie zu
20 dieser Frau?! Wir haben sie doch im Auge, daß sie zu
    einer ⌐bestimmten Damenkategorie¬ gehört!

SCHUPO Damenkategorie?

OBERINSPEKTOR Wahrscheinlich!
    Stille.

25 SCHUPO *lächelt:* Aber nein, Herr Oberinspektor – –

OBERINSPEKTOR Kennen Sie sie denn überhaupt?

SCHUPO Kennen jawohl.

OBERINSPEKTOR Und wollen sie heiraten.

SCHUPO Ich habe es vor, Herr Oberinspektor.

30 OBERINSPEKTOR Wie alt sind Sie denn?

SCHUPO Vierundzwanzig! Herr Oberinspektor.

OBERINSPEKTOR Das alte Lied!

SCHUPO *ist nun wieder angezogen:* Aber das mit den zwanzig Mark stimmt genau, Herr Oberinspektor.

OBERINSPEKTOR Monatlich achtzig Mark! Sie sind doch auch nicht fürstlich bezahlt! 5

SCHUPO Meine Eltern unterstützen mich.

OBERINSPEKTOR Was ist denn Ihr Vater?

SCHUPO Schreinermeister.

OBERINSPEKTOR Dann hätten Sie lieber Schreiner werden sollen. 10

SCHUPO Wie verstehen das Herr Oberinspektor?
Stille.

OBERINSPEKTOR Bedaure, aber Sie scheinen es nicht zu ahnen, wen Sie da an den Traualtar führen wollen – – Ihre Braut hat doch wegen Betrug bereits vierzehn Tage Ge- 15 fängnis hinter sich.

SCHUPO Gefängnis?

OBERINSPEKTOR Betrug. Abgesehen von einer Geldstrafe, die sie sich auch schon mal geholt hat. Daß diesen Damen derlei Verbindungen mit der Polizei ganz erwünscht 20 sind, ist ja menschlich verständlich. Aber ob das Ihrer Karriere sehr förderlich ist – –

SCHUPO Keine Ahnung – –

OBERINSPEKTOR Na also! *Er öffnet die Türe und ruft hinaus.* Kommen Sie herein! 25

Szene Nummer 11

Elisabeth kommt wieder herein. Sie denkt es sich schon, daß jetzt alles aus ist.
Stille.

SCHUPO Betrug? Stimmts? 30

ELISABETH Ich weiß, es ist aus.

SCHUPO Gefängnis?

ELISABETH Ja.

Stille.

SCHUPO Du Elisabeth. Warum hast du mir das alles verschwiegen?

5 ELISABETH So frag mich doch nicht so saudumm.

Stille.

SCHUPO *steht stramm:* Besten Dank, Herr Oberinspektor!

OBERINSPEKTOR Bitte bitte!

10 SCHUPO *schlägt die Hacken zusammen und will ab.*

ELISABETH Halt!

Stille.

SCHUPO Du hast mich belogen und das ist für mich der entscheidende Punkt.

15 ELISABETH Nein, deine Karriere, das ist er, dein entscheidender Punkt.

SCHUPO Nein! Aber zuerst kommt die Pflicht* und dann kommt noch Ewigkeiten nichts! Radikal* nichts! Vgl. 42,18
Vgl. 23,13

Stille.

20 ELISABETH Du Alfons. Zuvor – – wie du da drinnen im Schrank warst, da habe ich dich beschützen wollen.

SCHUPO Mich?

ELISABETH Uns.

SCHUPO Dich! Dich gegen mich! Ich kenn mich schon aus,

25 Fräulein!

Stille.

ELISABETH *grinst:* Ich hab dich halt nicht verlieren wollen, lieber Alfons – –

SCHUPO *schlägt wieder die Hacken zusammen:* Herr

30 Oberinspektor! *Rasch ab.*

Szene Nummer 12

OBERINSPEKTOR Also das war wirklich nicht notwendig
von Ihnen, dem Mann seine Karriere so leichtfertig zu
gefährden – –

ELISABETH Notwendig? ⌜Und meine Karriere?⌝ 5

OBERINSPEKTOR Sie wollen doch nicht behaupten, daß Sie
unschuldig sind?

ELISABETH O nein, das habe ich mir schon längst abge-
wöhnt. ⌜Entschuldigens, aber jetzt muß ich lachen – –⌝
Sie setzt sich auf den Bettrand und lacht lautlos. 10

OBERINSPEKTOR ⌜Lachens Ihnen nur ruhig aus.⌝ *Ab.*
Dunkel.

Fünftes Bild

Szene Nummer 1

Polizeirevier. Nach Mitternacht.
Der Schupo (Alfons Klostermeyer) spielt mit einem Ka-
5 *meraden eine Partie Schach. Es regnet draußen, und in*
weiter Ferne spielt ein Orchester den beliebten Trauer-
marsch von Chopin* – bis Szene 3.　　　　　　　Vgl. 13,7f.

Szene Nummer 2

SCHUPO *horcht:* Wer spielt denn da?
10 KAMERAD Radio.
SCHUPO Nach Mitternacht?
KAMERAD Vielleicht Amerika. Dort ist es jetzt Tag. Du bist
    dran.
SCHUPO Sofort.
15 *Pause.*
SCHUPO *zieht mit dem Turm.*
KAMERAD *überlegt:* Geh ich daher, geht er dahin. Geh ich
    dahin, geht er daher. ⌜Dunkel wars, der Mond schien
    helle⌝, als ein Wagen blitzeschnelle – ⌜g sieben c drei⌝.
20 ⌜Schach⌝!
SCHUPO Du auch noch.
    Pause.
SCHUPO Wer ist denn dran?
KAMERAD Immer der, der fragt.
25 *Pause.*
SCHUPO *erhebt sich:* Aufgegeben. ⌜Matt⌝.
KAMERAD Matt? In dieser Position?
SCHUPO Es steckt nichts mehr drinnen.
KAMERAD Nichts? D fünf d sieben! H zwei g vier!
30 SCHUPO Möglich.

Szene Nummer 3

KAMERAD *betrachtet noch immer das Brett:* Daß du da die
Waffen streckst, wo du doch sonst jede Partie zu Ende
spielst, auch wenn es für dich hoffnungslos herschaut.

SCHUPO Mir scheint, ich bin krank. Schon seit einer ganzen Zeit. Wenn ich mich niederleg, werd ich wach, und
wenn ich aufsteh, schlaf ich ein.

KAMERAD Das sind die Nerven.

SCHUPO *lächelt geschmerzt:* Weißt, ich hab halt eine kleine
Aufregung hinter mir.

KAMERAD Dienstlich?

SCHUPO Nein. Privat. Betreffs eines Weibes. Da stellst dich
hin und machst alles für so ein Menschenkind, zahlst ihr
das Leben, schenkst ihr deine intimsten Gefühle, deine
freie Zeit, dein gutes Geld – – und das Resultat? Du bist
der Lackierte*.

KAMERAD ⌈Undank ist der Welt Lohn.⌉

SCHUPO Manchmal fang ich schon zum Grübeln an.

KAMERAD Also nur das nicht! Grübeln ist Gift!

SCHUPO Von mir aus. Schau – zum Beispiel meine erste
Braut, mit der ich sehr harmonisiert habe, die ist mir
weggestorben. So bin ich beieinander. Die eine stirbt,
die andere lügt. Lauter blutige Enttäuschungen. ⌈Ich
find keinen Menschen, dessen Liebe mir etwas gibt.⌉

Szene Nummer 4

*Jetzt betritt ein dritter Schupo das Revier, und zwar bringt
er den Präparator mit sich, der total betrunken ist – der
Vizepräparator ist auch dabei, und ebenfalls nicht mehr
ganz auf der Höhe infolge Alkoholgenusses.*

DRITTER SCHUPO So! Da wären wir!

VIZEPRÄPARATOR Aber lieber Herr Wachtmeister –

DRITTER SCHUPO *unterbricht ihn:* Ruhe! *Zu seinen Ka-*
meraden. Nächtliche Ruhestörung und Beamtenbeleidigung!

VIZEPRÄPARATOR Wieso hernach Beamtenbeleidigung?

5 DRITTER SCHUPO Wieso hernach? Hat er denn nicht ge-
brüllt und getobt und mit diesem seinem Spazierstock
gegen die Rolläden getrommelt, daß die ganze Straß auf-
gewacht ist? Hat er mir nicht gesagt, Sie Rindvieh, Sie
krummgebohrtes?! Oder vielleicht?!

10 *Stille.*

VIZEPRÄPARATOR Entschuldigens bitte, aber ursprünglich
wollten wir heute abend in aller bescheidenen Zurück-
gezogenheit den zweiundsechzigsten Geburtstag dieses
Herrn dort feiern, ⌐aber der Mensch denkt –

15 KAMERAD *grinst:* – – und Gott lenkt⌐.

PRÄPARATOR *scharf: Und wer ist schuld? Der Oberprä-*
parator.

DRITTER SCHUPO Ruhe! *Er deutet auf das Schachbrett.*
Wer hat denn da gewonnen?

20 KAMERAD Ich.

DRITTER SCHUPO Du? Gegen den? Nicht möglich.

SCHUPO Ich hab heut keinen Kopf.

PRÄPARATOR Meine Herren! Wer ist mein Feind? Der
Oberpräparator und nur der Oberpräparator.

25 DRITTER SCHUPO Schluß mit der Debatte!

KAMERAD Was schwätzt denn der da immer von einem
Oberpräparator?

VIZEPRÄPARATOR Aber das ist es ja eben – – ich bin nämlich der Vizepräparator, und der Oberpräparator das ist

30 dieser Herr da persönlich. Voriges Monat ist er avan-
ciert*, aber wenn er sich betrunken hat, vergißt er es
immer wieder, daß er befördert worden ist. Jener be-
wußte Oberpräparator, den dieser Oberpräparator da
meint, den hat ja Gott sei Dank schon längst der Teufel

35 geholt – der hat sich nämlich infiziert, an einem Leichnam. Aus Brünn.

(franz.)
befördert

DRITTER SCHUPO Jetzt aber Schluß! Setzen! Das Protokoll!

Szene Nummer 5

BUCHHALTER *stürzt herein:* Hilfe Herr Wachtmeister! Da
draußen liegt ein Fräulein drüben beim Kanal! 5
KAMERAD Beim Kanal?
DRITTER SCHUPO Was für ein Fräulein?
BUCHHALTER Selbstmord! Wir haben sie aus dem Wasser
heraus – das heißt nicht ich, sondern ein tollkühner Lebensretter. Mir scheint, sie lebt noch! Da! 10

Szene Nummer 6

*Zwei Männer, einer im Smoking, erscheinen nun und auch
der tollkühne Lebensretter. Sie tragen die aus dem Kanal
herausgerettete Elisabeth und legen sie auf eine Bank. Der
tollkühne Lebensretter heißt Joachim und ist total durch-* 15
*näßt und friert ziemlich – der eine Schupo reicht ihm eine
Decke, die er sich umhängt. Alle, außer dem Präparator,
beschäftigen sich nun mit Elisabeth. Auch der Schupo Alfons Klostermeyer tritt an sie heran, erkennt sie und starrt
sie an.* 20

BUCHHALTER Es ist noch ein Funke Leben in ihr –
DRITTER SCHUPO Sofort künstliche Atmung!
VIZEPRÄPARATOR Kenn ich genau. Darf ich helfen? Hab
zwei Semester Medizin, aber dann ist mir das Geld aus-
gegangen – 25
KAMERAD Los los!
PRÄPARATOR Und etwas Schnaps!
JOACHIM Auch für mich bitte.

PRÄPARATOR *zu Joachim:* Allerhand Schneid*. ⌐In stock-
    dunkler Nacht⌐ im November ins Wasser springen – toll-
    kühn! Sehr tollkühn!

(süddt.) Mut

JOACHIM Aber ich erfüllte doch nur meine normale
5   menschliche Pflicht*. *Er trinkt aus der Schnapsflasche.*

Vgl. 42,18

PRÄPARATOR Zu bescheiden, zu bescheiden. *Er nimmt
    ihm die Schnapsflasche weg und wendet sich an den
    Schupo.* Hab ich nicht recht, Herr General?

SCHUPO Ich bin kein General.

10 PRÄPARATOR Also auf das Wohl des tollkühnen Lebens-
    retters! Prost! *Er trinkt.*

JOACHIM *zum Schupo:* Ich ging vorbei und hörte etwas in
    das Wasser plumpsen und sah einen silbrigen Schein –
    das war ihr Gesicht. Ich sprang sofort hinein und griff
15   zu. Ehrensache. Hätte doch jeder getan. Sie auch.

SCHUPO Natürlich.

PRÄPARATOR Das kommt groß in die Zeitung. Mit Pho-
    tographie. Der tollkühne Lebensretter soll leben! Hoch!
    Er trinkt wieder.

20 DRITTER SCHUPO *bei Elisabeth:* Wo bleibt denn der
    Schnaps?

PRÄPARATOR Da!

JOACHIM *zum Schupo:* Könnt ich mal telefonieren?

SCHUPO Dort bitte.

25 KAMERAD *tritt zum Schupo:* Sie hat nichts bei sich. Nur
    einen ungültigen Wandergewerbeschein – –

PRÄPARATOR Wandergewerbeschein?

KAMERAD Jawohl.

PRÄPARATOR *wendet sich Elisabeth zu und betrachtet sie
30   aufmerksam.*

Szene Nummer 7

Während sich nun alles, außer dem Schupo und den beiden Männern, die das Polizeirevier bereits wieder verließen, sowie dem Präparator, um Elisabeth bemüht (künstliche Atmung und dergl.), telefoniert Joachim mit seiner Mama. 5

JOACHIM Hallo! Mama! Bist du es, Mama? – O nein, fürchte dich nicht, daß ich dich so aus dem Schlaf heraushol, aber ich habe soeben einer Selbstmörderin das Leben gerettet. – – Tollkühn, was? Ehrensache! Kommt auch in die Zeitung, mit Photographie, ist doch eine un- 10 bezahlbare Reklame für die Firma, so umsonst in der ganzen Presse – – Hallo! Aber jetzt krieg ich doch dann mein Motorrad, was? – Wie? Du hast es mir doch versprochen! Werden sehen? Adieu! *Er hängt wütend ein. Für sich.* Altes Dromedar. 15

Szene Nummer 8

SCHUPO Ist sie tot?
KAMERAD Mir scheint, sie atmet.
VIZEPRÄPARATOR Werden sehen, werden sehen!

Szene Nummer 9 20

PRÄPARATOR *hat Elisabeth erkannt:* Sie ist es. Pfeilgerade. Diejenige welche – *Er wendet sich zerknirscht an den Schupo.* Herr Staatsanwalt –
SCHUPO *unterbricht ihn:* So lassens mir doch meine Ruh!
PRÄPARATOR Aber haben Sie doch Zeit für mich, bitte – 25 ich muß Ihnen ja ein Geständnis ablegen. Jenes Fräulein dort ist ermordet worden.

SCHUPO *stutzt:* Ermordet?

PRÄPARATOR Ich kenne den Mörder.

SCHUPO Was reden Sie da?!

Stille.

5 PRÄPARATOR Nämlich das mit dem Zollinspektor und Versicherungsinspektor – ich habe mich geirrt, Herr Generalstaatsanwalt! ⌜Auge um Auge, Zahn um Zahn!⌝ So verhaftens mich doch und machens kurzen Prozeß! Seiens fesch, hängens mich auf!

10 VIZEPRÄPARATOR *zum Schupo:* Jetzt hat er seinen Moralischen.

SCHUPO *zum Präparator:* Sie Sau sie!

PRÄPARATOR Oh Gott! *Er setzt sich in eine Ecke.* Gefaßt betret ich das Schafott – Walte deines Amtes, Henker!

15 Und betet für mich, liebe Leutl, damit ihr nicht in Versuchung kommet, und ⌜wenn ihr mal recht blöd seid⌝, dann denkts an mich – *Er vergräbt sein Gesicht in die Hände und verharrt so erschüttert.*

Szene Nummer 10

20 DRITTER SCHUPO Da ist sie!

Szene Nummer 11

Elisabeth erwacht aus ihrer Ohnmacht, ist aber noch immer abwesend – nun sitzt sie auf der Bank und sieht sich um. Noch faßt sie nichts, und nur allmählich kommt ihr
25 *wieder die Erinnerung.*

Szene Nummer 12

ELISABETH *zum Buchhalter:* Wer bist du?

BUCHHALTER Wer? Meine Wenigkeit?
Stille.

DRITTER SCHUPO *hält ihr die Schnapsflasche hin:* Da Fräu- 5
lein –

ELISABETH *starrt den Buchhalter noch immer an:* Wer bist
du?

VIZEPRÄPARATOR *zum Buchhalter:* So redens doch!

BUCHHALTER Ich? ⌈Nichts⌉. 10

ELISABETH *lächelt:* Nichts – *Sie sieht sich plötzlich ängstlich um.* Bin ich denn noch?

KAMERAD *lächelt:* Gewiß.

DRITTER SCHUPO *hält ihr noch immer die Schnapsflasche
hin:* Da Fräulein – 15

ELISABETH *mustert plötzlich entsetzt den Kameraden:*
Was hast du denn da an?

KAMERAD *etwas verwirrt:* Wieso?

Farben an
der Uniform
der bayr.
Schutzpolizei ELISABETH Grün, grau, silber* – Habt ihr mich denn schon
wieder? Was hab ich denn schon wieder verbrochen? 20

DRITTER SCHUPO Nur immer mit der Ruhe – Wir sind
doch zu Ihrem Schutze da. Aber sicher.

ELISABETH *abwesend:* Wer hat mich denn da ange-
haucht?

KAMERAD So kommens doch wieder zu sich Fräulein – 25
schauns, man lebt nur einmal, wer wird da denn gleich
ins Wasser!

ELISABETH Habt ihr mich wieder heraus –

JOACHIM Ich.
Stille. 30

ELISABETH So kümmert euch doch nicht um mich!

JOACHIM Das ist der Dank.

ELISABETH Jetzt war ich schon fort und jetzt gehts wieder
los und niemand ist zuständig für dich und du hast so
gar keinen Sinn – 35

VIZEPRÄPARATOR *berührt ihre Schulter:* ⌐Nur nicht die Hoffnung sinken lassen⌐ – jeder Mensch hat seinen Sinn im Leben, und wenn nicht für sich selbst, dann für einen anderen.

5 ELISABETH Ich nicht.

VIZEPRÄPARATOR Doch!

ELISABETH Nein!

VIZEPRÄPARATOR *zum Kameraden:* Also da kann ich schon direkt wild werden, wenn mir da jemand wider-
10 spricht! Ich hab doch tagtäglich mit die Toten zu tun und dann denkt man doch schon ganz automatisch über den Sinn des Lebens nach. Wenn ich als Vizepräparator –

ELISABETH *unterbricht ihn:* Vizepräparator? – *Schrill.* Wie gehts denn dem lieben Herrn Präparator? Füttert er
15 noch immer die Tauben?

Szene Nummer 13

PRÄPARATOR Jawohl! *Er erhebt sich voll Würde, aber noch immer etwas schwankend.* Die Tauben sitzen auf meinen Schultern und fressen mir aus meiner Hand, der
20 Kanari singt und meine Schlange hab ich dressiert. Ich hab einen Stall voll weißer Mäus und meine drei Gold-fische heißen Anton, Josef und Herbert. Ich muß um mehr Autorität bitten, und zwar energisch. Man weiß es anscheinend noch nicht, wer ich bin?! Ich bin der Ober-
25 präparator, bitt ich mir aus. Und wenn ich jemand um-bring, dann mach ich das schon mit mir selber aus. Al-lein mit meinem Gott! Wachtmeister! Guten Morgen, Leute! *Ab.*

ALLE *außer Elisabeth reißen unwillkürlich die Hacken zu-*
30 *sammen.* Guten Morgen, Herr Oberpräparator!

Szene Nummer 14

ELISABETH *erblickt nun ihren Schupo, schnellt empor und beißt in ihre Hand.*

VIZEPRÄPARATOR Nanana!

Stille.

leidet unter Wahnvorstel-lungen

BUCHHALTER Mir scheint, sie halluziniert*.

JOACHIM Ist doch auch schließlich keine Kleinigkeit das kalte Wasser in dieser Jahreszeit, bei stockdunkler Nacht.

ELISABETH *hebt langsam die Hand über die Augen, als würde sie von der Sonne geblendet:* Bist du das, Alfons?

Stille.

KAMERAD Was denn los, Klostermeyer? Kennt ihr euch?

ELISABETH Kennen wir uns?

Stille.

ELISABETH So sag es ihnen doch, ob du mich kennst –

SCHUPO Wir kennen uns.

ELISABETH *grinst:* Brav, sehr brav –

Stille.

ELISABETH Was macht denn die Karrier?

DRITTER SCHUPO *zu Alfons Klostermeyer:* Was soll denn das?

SCHUPO Später.

ELISABETH Warum später?

Stille.

SCHUPO *zieht sich seine weißen Handschuhe an:* Ich habe Dienst. Ich muß zur ⌐Parade⌐.

ELISABETH Parade?

SCHUPO Vor der ⌐Residenz⌐. Es wird bald Tag.

ELISABETH Es ist noch dunkel, Alfons.

SCHUPO Zwischen uns ist alles klar.

ELISABETH Meinst du?

SCHUPO Es ist aus.

Stille.

ELISABETH Wie einfach du fort bist –

SCHUPO Red nicht weiter, bitte.

ELISABETH *lächelt böse:* Warum nicht?

Stille.

5 SCHUPO Provozier hier nicht aus der Erde heraus! Was kann denn ich dafür, daß du ins Wasser gehst?! Ich habe dir meinen Arm gereicht –

ELISABETH *unterbricht ihn:* Laß ihn dir abhacken, deinen Arm!

10 *Stille.*

ELISABETH Jetzt geh ich. – – Hörst du mich, Alfons?

DRITTER SCHUPO *steht vor ihr in der Türe:* Halt!

ELISABETH *sieht ihn groß an:* Gute Nacht.

DRITTER SCHUPO Nein.

15 *Stille.*

ELISABETH So lassens mich doch fort –

DRITTER SCHUPO Wohin?

ELISABETH Das geht dich nichts an.

DRITTER SCHUPO In diesem Zustand bleiben Sie da. Das ist

20 unsere Pflicht.

Stille.

ELISABETH *lächelt wieder böse:* Habt ihr mich wieder?

KAMERAD Nicht in Haft. Nur in ⌜Schutzhaft⌝.

ELISABETH Schutz?

25 DRITTER SCHUPO In Ihrem Interesse.

ELISABETH Komisch. Jetzt steht ihr da um mich herum und bringt es nicht fertig, daß man seinen Wandergewerbeschein bekommt – *Sie grinst.*

VIZEPRÄPARATOR Sie Kind –

30 ELISABETH Ich rede jetzt nicht direkt persönlich, denn ich bin darüber momentan hinaus – *Sie brüllt ihren Alfons plötzlich an.* Glotz mich nicht so an! Geh mir aus den Augen, sonst reiß ich mir die Augen aus! Bild dir doch nicht ein, daß ich wegen dir ins Wasser bin, du mit deiner

35 großen Zukunft! Ich bin doch nur ins Wasser, weil ich

nichts mehr zum Fressen hab – wenn ich was zum Fressen gehabt hätt, meinst, ich hätt dich auch nur angespuckt?! Schau mich nicht so an!! *Sie wirft mit der Schnapsflasche nach seinen Augen, verfehlt aber ihr Ziel.* Da! 5

KAMERAD *erfaßt ihren Arm:* Halt!

ELISABETH Auslassen!

JOACHIM Im Gegenteil!

ELISABETH *brüllt:* Auslassen! Auslassen!

DRITTER SCHUPO Ruhe! 10

JOACHIM Au! Die beißt!

VIZEPRÄPARATOR Was? Beißen wirst du – beißen?!

ELISABETH *zieht sich verschüchtert zurück.*

BUCHHALTER Jetzt beißt sie ihren eigenen Lebensretter –

ELISABETH *fletscht die Zähne.* 15

Szene Nummer 15

In der Ferne marschiert nun eine Formation mit Musik vorbei – und zwar auf den Marsch »Alte Kameraden«.* Dann verhallt die Musik und Elisabeth sitzt in sich zusammengesunken auf einem Stuhl.* 20

Marsch von Carl Teicke (1864–1922)

Szene Nummer 16

SCHUPO Die Parade – – – *Er setzt sich seinen Helm auf.* ⌜Höchste Eisenbahn⌝.

KAMERAD Ist noch Zeit, Klostermeyer. Wart auf uns – – *Er zieht sich seine weißen Handschuhe an.* 25

DRITTER SCHUPO Wir müssen doch auch.

VIZEPRÄPARATOR Was knurrt denn da?

BUCHHALTER Dem Fräulein ihr Magen.

DRITTER SCHUPO *zum Kameraden:* Hast nichts dabei?

KAMERAD Doch – – – *Er gibt aus seiner Manteltasche Elisa-*
beth ein Brötchen.

ELISABETH *nimmt es apathisch* und knabbert daran.*

DRITTER SCHUPO *zieht sich ebenfalls seine weißen Hand-*
5 *schuhe an:* Schmeckts?

ELISABETH *lächelt apathisch – plötzlich läßt sie das Bröt-*
chen fallen und sinkt über den Tisch.

VIZEPRÄPARATOR Hoppla!

DRITTER SCHUPO Halt! *Auch er bemüht sich, genau wie*
10 *der Vizepräparator, um Elisabeth.*

KAMERAD Das ist nur so ein Schwächegefühl.

BUCHHALTER Wahrscheinlich vom Magen heraus empor –

VIZEPRÄPARATOR Ein schwaches Herz.

15 BUCHHALTER Magen oder Herz – gehüpft wie gesprun-
gen*!

JOACHIM Es ist doch auch keine Kleinigkeit bei stockdunkler Nacht im November ins eiskalte Wasser –

VIZEPRÄPARATOR *zu Elisabeth:* Dageblieben, dageblie-
20 ben –

ELISABETH *erwacht wieder; lächelt schwach:* Könnt ich
hier jemand Zuständigen sprechen?

DRITTER SCHUPO Zuständig?

ELISABETH *nickt ja:* – in einer dringenden Angelegenheit –
25 es soll ja noch schlechter werden, aber ich lasse den Kopf
nicht hängen – *Sie schlägt mit der Hand in die Luft, als*
würde sie Fliegen abwehren. Na! Da fliegen lauter so
schwarze Würmer herum – *Sie stirbt sanft.*

Szene Nummer 17

30 BUCHHALTER *nähert sich leise der toten Elisabeth und*
klopft auf die Tischplatte; behutsam: Herein, Fräulein.
Herein!

Marginal notes:

- (line 2) teilnahmslos, gleichgültig
- (line 15) egal

DRITTER SCHUPO Ich befürchte das Schlimmste.

SCHUPO *nimmt seinen Helm ab.*

VIZEPRÄPARATOR *beugt sich über Elisabeth:* Sie hat es
    überstanden. Wahrscheinlich das Herz. Na wir werden
    es ja morgen sehen – – 5

JOACHIM Es war umsonst – – – *Ab.*

Szene Nummer 18

SCHUPO Umsonst – – *Er tritt an seine tote Elisabeth heran
    und streicht ihr über das Haar.* ⌐Du armes Menschen-
    kind. Ich hab kein Glück. Ich hab kein Glück.⌐ 10

BUCHHALTER
    ⌐Ich lebe, ich weiß nicht wie lang,
    Ich sterbe, ich weiß nicht wann,
    Ich fahre, ich weiß nicht wohin,
    Mich wundert, daß ich so fröhlich bin – –⌐ *Ab.* 15

Szene Nummer 19

VIZEPRÄPARATOR Ein Dichter.

DRITTER SCHUPO Es regnet noch immer.

KAMERAD Das wird eine verregnete Parade.

SCHUPO Wahrscheinlich. 20

VIZEPRÄPARATOR Darf ich mich jetzt empfehlen – – *Ab.*

Szene Nummer 20

Und nun marschiert draußen eine Formation mit Musik
Vgl. 64,18 *vorbei – – und zwar abermals auf den Marsch »Alte Kam-*
raden«*. Die drei Schupos setzen sich ihre Helme auf und 25

                                                      Fünftes Bild

*verlassen das Polizeirevier, denn sie müssen bekanntlich
zur Parade. Nur Alfons Klostermeyer wirft noch einen letzten Blick auf seine tote Braut Elisabeth.
Vorhang.*

5   **ENDE**

Anhang

Lukas Kristl
»Vor Gericht ist das Betrug«
Münchner Post, 13./14.7.1929

Die junge Angeklagte reiste in Korsetten. Jawohl, das gibt
es auch noch im Zeitalter des Bubikopfes. Auf der Suche
nach einer neuen Reisevertretung kam sie zu einem Kaufmann in G., dem sie als Verkaufskanone empfohlen war.
Der Mann engagierte sie. Notwendig war nur noch ein
Wandergewerbeschein, der 200 Mark kostete, ein Betrag,
den die neue Vertreterin nicht aufzubringen vermochte.
Der Geschäftsherr streckte ihr daher auf ihr Ersuchen das
Geld vor.
Die Angeklagte bat brieflich die Eltern in K., ihr diesen
Wandergewerbeschein zu besorgen. Diese wandten sich
ans Gewerbeamt und erhielten dort den Bescheid, die An-
tragstellerin müsse selber kommen. Diese hatte inzwischen
das vorgestreckte Geld dazu benutzt, eine dringliche Rest-
strafe von 110 M. zu bezahlen, andernfalls sie ins Gefängnis hätte müssen und so die neue Existenz zum Teufel gegangen wäre. Sie wendete das eine Unglück ab. Allein das
andere kam sogleich. Sie erkrankte nach 14 Tagen und
mußte mehrere Monate im Krankenhaus liegen. Nun
klagte der Kaufmann wegen Betrug.
Dem Gericht erklärte er, er habe sich vor allem deshalb zu
dem Kredit von 200 M. für den Wandergewerbeschein her-
beigelassen, weil die Angeklagte ihm gegenüber ihren Vater als Zollinspektor ausgegeben habe. Die Angeklagte be-
stritt dies. Von einem Zollbeamten sei keine Rede gewesen.
Sie habe Versicherungsbeamter gesagt, was ihr Vater auch
sei. Da müsse ein Hörfehler vorliegen. Im übrigen sei sie
der Meinung gewesen, daß sie das Geld für den Schein
längst verdient habe, bis dieser aus K. käme. Durch diese
Rechnung habe ihr die plötzliche Erkrankung einen Strich
gemacht.

Der Staatsanwalt hielt die junge Korsettreisende für sehr raffiniert. Er bezweifelte sehr, ob ihr Versuch, durch die Eltern in K. einen Wandergewerbeschein zu erhalten, überhaupt ernst gemeint war. Seiner Ansicht nach handelte es sich hier eher um ein Vorsichtsmanöver, inszeniert zu dem Zweck sich hinterher bei einer Betrugsanzeige ausweisen zu können.

Der Verteidiger bemühte sich um einen Freispruch. Er plädierte: Selbst wenn die Angeklagte ihren Vater als Zollinspektor ausgegeben hätte, was nicht stimmt, so läge hier trotzdem noch kein Betrug vor, weil die Betrugsabsicht gefehlt habe. Die Angeklagte habe sich ernsthaft um einen Schein bemüht. Dafür, daß sie dann erkrankt sei, könne sie nichts.

Das Gericht sagte so: Nach seiner Meinung habe sich die Angeklagte schon um einen Schein bemüht, aber zunächst das Geld entgegen seiner Bestimmung zur Bezahlung einer Strafe verwendet. Wenn man auch anerkennen müsse, daß sie bestrebt gewesen sei, die Sache wiedergutzumachen, so habe andererseits doch gerade die Zusicherung, daß der Vater Zollbeamter sei, den Zeugen wesentlich zur Hergabe des Geldes bestimmt. Das Urteil lautete wegen Betrugs im Rückfall auf die Mindeststrafe von 3 Monaten Gefängnis. Bedingter Straferlaß wurde gewährt.

Anklageschrift vor dem Amtsgericht in München am 4.4.1929

Gramm Klara, geb. am 18.11.1900 in Memmingen, Tochter von Adolf Gramm und Karolina Welty, ledige Reisende in Kempten, Wiesstraße S. 6,
bestraft wegen Betrugs durch Strafbefehle der Amtsgerichte

a) Augsburg vom 21.11.23 mit 18000 M, bezahlt am 5.III.23,

b) Memmingen vom 17.XII.26 mit 150 RM, teilweise bezahlt am 10.IV. und 17.V.27,

Tat begangen im Sommer 1926,
ist hinreichend verdächtigt
in der Absicht sich einen rechtswidrigen Vermögensvorteil zu verschaffen, das Vermögen eines Anderen dadurch beschädigt zu haben, daß sie durch Vorspiegelung falscher und der Unterdrückung wahrer Tatsachen einen Irrtum erregte.

Am 30.XII.27 veranlasste sie den Kaufmann Georg Aschl dahier durch die bewusst unwahren Angaben, ihr Vater sei in Kempten höherer Beamter, Zollinspektor, sie werde das Geld dazu verwenden, sich einen Wandergewerbeschein zu lösen und mit diesem für die Firma Aschl reisen und unter Verschweigung ihrer wahren, von vorneherein bestehenden Absicht, dass sie mit dem Gelde nur ihre restliche Betrugsstrafe bezahlen wollte, ihr die Summe von 200 RM zu übersenden. Aschl hatte sich täuschen lassen und wurde so in seinem Vermögen um diesen Betrag geschädigt.

Die Angeschuldigte ist im Wesentlichen geständig.

Diese Handlung erfüllt den Tatbestand eines Verbrechens des Betrugs i. R. nach § 263, 264 RSTGB.

Protokoll der Verhandlung

Gegenwärtig 1. Der Amtsrichter Stelzner, als Vorsitzender, –

3. 2. STA. Kauffmann, als Beamter der Staatanwaltschaft,

4. J. OS. Koch, als Urkundsbeamter.

Zur Hauptverhandlung in dem Strafverfahren gegen Gramm Klara in Kempten wegen Betrugs im Rueckfall erschien bei Aufruf der Sache die Angeklagte persönlich mit ihrem Verteidiger Rechtsanwalt Dr. Willy Kahn.

Der Verteidiger der Angeklagten beantragte Aussetzung der Hauptverhandlung, da der Vater der Angeklagten wegen ploetzlicher Erkrankung nicht mitgebracht werden konnte; er erklaerte sich jedoch damit einverstanden, dass die Beschlussfassung seines Antrages bis zum Schluss der Beweisaufnahme zurueckgestellt wird.

Der vorgeladene Zeuge wurde aufgerufen, mit dem Gegenstande des Verfahrens und der Person der Angeklagten bekannt gemacht und in angemessener Weise auf die Bedeutung des Eides und darauf hingewiesen, daß der Eid sich auch auf die Beantwortung von Fragen über seine/ihre Person und sonstiger Fragen nach § 68 StPO. bezieht.

Der Zeuge wurde sodann aus dem Sitzungssaal entlassen. Über die persönlichen Verhältnisse vernommen, erklärte die Angeklagte wie in den Akten bereits richtig erhoben wurde.

Die Rueckfallsvorstrafen wegen Betrugs wurden wie folgt festgestellt und anerkannt:

1. Strafbefehl d. A-G. Augsburg vom 21.11.23 mit 18 000 M ev. 120 Tag. Gefgns., bezahlt am 5. III. 1923.

2. Strafbefehl d. A. G. Memmingen vom 17. 12. 1926, 150 RM ev. 30 Tag. Gefgns. Zugestellt am 18. 12. 1926 dem Vater der Gramm, Tat begangen im

Sommer 1926, je 20 RM bezahlt von der Angeklagten
am 10. 4. u. 17. 5. 1927.
Hierauf wurde der Beschluß über die Eröffnung des
Hauptverfahrens vom 9. Oktober 1928 verlesen.
5 Die Angeklagte wurde befragt, ob sie etwas auf die Be-
schuldigung erwidern wolle.
Sie erklärte sich zur Sache.
1. Zeuge, gesetzlich beeidigt.
Z.P.: Aschl Georg, 48 Jahre alt, verh. Kaufmann in
10 Muenchen, dü. a. Fr. v.
Der Zeuge wurde zur Sache einvernommen:
Gemaess Antrag des Staatsanwalts und mit Einverstaend-
nis der Angeklagten verkuendete der Vorsitzende folgenden
15 Beschluss:
Es ist das Protokoll des Amtsgerichts Kempten vom
30. 1. 1929 ueber die Einvernahme der Zeugen Mangold
Josef und Gramm Anton zu verlesen, da die Gründe die zur
komm. Vernehmung dieser Zeugen gefuehrt haben, noch
20 unveraendert fortbestehen. Hierauf wurden die Aussagen
der Zeugen Mangold und Gramm Anton, sowie die mit ⟨·⟩
bezeichnete Aussage der Angeklagten vom 12. 3. 1928 ge-
genueber dem Oberwachtmeister Man[g]old in Kempten
[notiert].
25 Weiter wurde festgestellt, dass der Zeuge Mangold gesetzlich beeidigt wurde, während Gramm Anton gemaess § 58
STPO unbeeidigt vernommen wurde.
Die Angeklagte wurde zu den beiden Zeugenaussagen ge-
hoert. Anschliessend erging Beschluss:
30 Es ist die schriftliche Mitteilung des Stadtrates Kempten
vom 21. 2. 1929 zu verlesen.
Sie wurde sodann verlesen.
Nach der Vernehmung eines jeden Zeugen – sowie nach der
Verlesung eines jeden Schriftstücks – wurde die Angeklagte
35 befragt, ob sie etwas zu erklären habe.

Die Staatsanwaltschaft und sodann die Angeklagte – und der Verteidiger – erhielten zu ihren Ausführungen das Wort.

Der Vertreter der Staatsanwaltschaft beantragte den Aussetzungsantrag des Verteidigers zurueckzuweisen und die Angeklagte wegen eines Verbrechens des Betrugs im Rueckfall zu Gefaengnisstrafe von drei Monaten zu verurteilen.

Der Verteidiger der Angeklagten beantragte Freisprechung ev. den Vater der Angeklagten zu laden und die Gegenueberstellung des Zeugen Mangold mit der Angeklagten, und bei einer ev. Verurteilung bedingten Straferlass.

Der Staatsanwalt beantragte die Zurueckweisung des Aussetzungsantrages und erhob keinerlei Erinnerungen gegen einen bedingten Straferlass mit Probezeit bis 1.4.1933 unter Schadloshaltung des Aschl bis 1.1.1930.

Die Angeklagte hatte das letzte Wort.

Sie schloss sich den Ausfuehrungen ihres Verteidigers an.

Der Vorsitzende verkuendete durch Verlesung der Urteilsformel, Mitteilung der Gründe und unter Anfuegung der Rechtsmittelbelehrung folgendes

1. Urteil:

Gramm Klara, geb. am 18. Februar 1900 zu Memmingen, led. Reisende in Kempten, vorbestraft,

ist schuldig

eines Verbrechens des Betrugs im Rueckfall und wird hiewegen zur

Gefaengnisstrafe von drei Monaten,

und zur Tragung der Kosten des Verfahrens und der Strafvollstreckung verurteilt.

II. Anliegenden Beschluss ueber die Bewilligung des bedingten Straferlasses mit Probezeit bis 1. April 1933.

(Der Staatsanwalt und die Angeklagte verzichteten auf Rechtsmittel und Beschwerde.)

Gründe:

Die für erwiesen erachteten Tatsachen, in welchen die gesetzlichen Merkmale eines Verbrechens des Betrugs i. R. gefunden wurden, und das zur Anwendung gebrachte Strafgesetz (§ 263, 264 RSTGB.) gehen einschliesslich der Rückfallsbelege aus dem Eröffnungsbeschluss hervor, auf welchen gemäss § 267 Abs. III RSTPO. Bezug genommen wird.

Der Angeklagten wurden mildernde Umstände zugebilligt, da sie offensichtlich bestrebt war, nach der rechtswidrigen Verwendung der ihr vom Zeugen Aschel übersandten 200.– RM für dessen Firma Aufträge zu erhalten. Da die Angeklagte keinen ungünstigen Eindruck machte und bisher nur mit Geldstrafen vorbestraft ist, erschien die gesetzliche Mindeststrafe als strafangemessen.

Ausspruch im Kostenpunkt: § 465 RSTPO.

Es wurde öffentlich verhandelt.

Der Amtsrichter:

Stelzner   Koch

Thomas Fischer
Über das Leben der Klara Gramm (1900–1979)

Die Familie zog kurz nach der Geburt von Klara (vermutlich 1902) nach Kempten, wo der Vater in einer Rechts-
kanzlei Arbeit fand. Wie die wirtschaftlichen Verhältnisse 5
der Familie waren, ist noch unklar, sie scheinen aber nicht
sehr gut gewesen zu sein, da Klara schon in früher Kindheit
durch Milchaustragen mitverdienen mußte. 1907 wurde
Klara eingeschult, 1916 oder 1917 erreichte sie den Hauptschulabschluß. Nach Auskunft des Bruders war sie eine 10
gute Schülerin: ihr wurde ein Freiplatz auf dem Lyzeum
angeboten. Die Eltern aber waren dagegen. Nach dem
Hauptschulabschluß machte Klara eine Schneiderlehre,
die sie aber nicht beendete; sie wollte lieber herumreisen.
1918 lebte sie in Villingen, wo sie in einer Schneiderei Kin- 15
derkleidung nähte. Nach Kriegsende kehrte sie nach
Kempten zurück und schlug sich nun als Vertreterin eines
Miederwarengeschäfts mehr schlecht als recht durchs Leben. [...] Wie aus Berichten des Bruders bzw. dessen Frau
hervorgeht, hatte Klara 1927 oder 1928 in Kempten einen 20
verheirateten Polizisten kennengelernt und mit ihm ein
Verhältnis begonnen. Der Polizist wollte sich schuldlos
scheiden lassen und verleitete Klara zu der falschen gericht-
lichen Aussage, daß keine sexuellen Beziehungen zwischen
ihr und ihm bestünden. Die Aussage erfolgte unter Eid, die 25
Wahrheit stellte sich heraus und Klara wurde vom Amts-
gericht Kempten zu einem Jahr Gefängnis verurteilt. Nach
der Verbüßung ihrer Strafe kehrte sie zeitweise ins Eltern-
haus zurück, begann aber bald wieder als Vertreterin von
Miederwaren herumzureisen, und zwar im Auftrag der 30
Firma Schneider in Kempten. [...] Klara hat ihr Reiseleben
bis ca. 1969 geführt und hauptsächlich im Bodenseeraum
Miederwaren vertrieben. Sie hat dann in ihrer Wohnung in
Kempten gelebt, unterstützt von ihren Geschwistern und

der Fürsorge. Als sie mit zunehmendem Alter körperlich und geistig immer hilfloser geworden ist, war ihr Umzug ins Altenheim nach Auskunft des Bruders dringend geboten.

Ödön von Horváth
Gebrauchsanweisung

> Das dramatische Grundmotiv aller meiner Stücke ist der ewige Kampf zwischen Bewußtsein und Unterbewußtsein.

Ich hatte mich bis heute immer heftig dagegen gesträubt, mich in irgendeiner Form über meine Stücke zu äußern – – nämlich ich bin so naiv gewesen, und bildete es mir ein, daß man (Ausnahmen bestätigen leider die Regel) meine Stücke auch ohne Gebrauchsanweisung verstehen wird. Heute gebe ich es unumwunden zu, daß dies ein grober Irrtum gewesen ist, daß ich gezwungen werde, eine Gebrauchsanweisung zu schreiben.

Erstens bin ich daran schuld, denn: ich dachte, daß viele Stellen, die doch nur eindeutig zu verstehen sind, verstanden werden müßten, dies ist falsch – – es ist mir öfters nicht restlos gelungen, die von mir angestrebte Synthese zwischen Ironie und Realismus zu gestalten. Zweitens: es liegt an den Aufführungen – – alle meine Stücke sind bisher nicht richtig im Stil gespielt worden, wodurch eine Unzahl von Mißverständnissen naturnotwendig entstehen mußte. Daran ist niemand vom Theater schuld, kein Regisseur und kein Schauspieler, dies möchte ich ganz besonders betonen – – sondern nur ich allein bin schuld. Denn ich überließ die Aufführung ganz den zuständigen Stellen – – aber nun sehe ich klar, nun weiß ich es genau, wie meine Stücke gespielt werden müssen.

Drittens liegt die Schuld am Publikum, denn: es hat sich leider entwöhnt auf das Wort im Drama zu achten, es sieht oft nur die Handlung – – es sieht wohl die dramatische Handlung, aber den dramatischen Dialog hört es nicht mehr. Jedermann kann bitte meine Stücke nachlesen: es ist keine einzige Szene in ihnen, die nicht dramatisch wäre – – unter dramatisch verstehe ich nach wie vor den Zusammenstoß zweier Temperamente – – die Wandlungen usw. In jeder Dialogszene wandelt sich eine Person. Bitte nachlesen! Daß dies bisher nicht herausgekommen ist, liegt an den Aufführungen. Aber auch an dem Publikum.

5 Denn letzten Endes ist ja das Wesen der Synthese aus Ernst und Ironie die Demaskierung des Bewußtseins. Sie erinnern sich vielleicht an einen Satz in meiner »Italienischen Nacht«, der da lautet: »Sie sehen sich alle so fad gleich und werden gern so eingebildet selbstsicher.« Das ist mein Dia-
10 log.

Aus all dem geht es schon hervor, daß Parodie nicht mein Ziel sein kann – – es wird mir oft Parodie vorgeworfen, das stimmt aber natürlich in keiner Weise. Ich hasse die Parodie! Satire und Karikatur – – ab und zu ja. Aber die sati-
15 rischen und karikaturistischen Stellen in meinen Stücken kann man an den fünf Fingern herzählen – – Ich bin kein Satiriker, meine Herrschaften, ich habe kein anderes Ziel, als wie dies: Demaskierung des Bewußtseins.

Keine Demaskierung eines Menschen, einer Stadt – – das
20 wäre ja furchtbar billig! Keine Demaskierung auch des Süddeutschen natürlich – – ich schreibe ja auch nur deshalb süddeutsch, weil ich anders nicht schreiben kann.

Diese Demaskierung betreibe ich aus zwei Gründen: erstens, weil sie mir Spaß macht – – zweitens, weil infolge
25 meiner Erkenntnisse über das Wesen des Theaters, über seine Aufgabe und zu guter Letzt Aufgabe jeder Kunst ist folgendes – – (und das dürfte sich nun schon allmählich herumgesprochen haben) – – die Leute gehen ins Theater, um sich zu unterhalten, um sich zu erheben, um eventuell
30 weinen zu können, oder um irgendetwas zu erfahren. Es gibt also Unterhaltungstheater, ästhetische Theater und pädagogische Theater. Alle zusammen haben eines gemeinsam: sie nehmen dem Menschen in einem derartigen Maße das Phantasieren ab, wie kaum eine andere Kunst – –
35 Die Phantasie ist bekanntlich ein Ventil für Wünsche – –

bei näherer Betrachtung werden es wohl asoziale Triebe sein, noch dazu meist höchst primitive. Im Theater findet also der Besucher zugleich das Ventil wie auch Befriedigung (durch das Erlebnis) seiner asozialen Triebe.

Es wird ein Kommunist auf der Bühne ermordet, in feiger Weise von einer Überzahl von Bestien. Die kommunistischen Zuschauer sind voll Haß und Erbitterung gegen die Weißen – – sie leben aber eigentlich das mit und morden mit und die Erbitterung und der Haß steigert sich, weil er sich gegen die eigenen asozialen Wünsche richtet. Beweis: es ist doch eigenartig, daß Leute ins Theater gehen, um zu sehen, wie ein (anständiger) Mensch umgebracht wird, der ihnen gesinnungsgemäß nahe steht – – und dafür Eintritt bezahlen und hernach in einer gehobenen weihevollen Stimmung das Theater verlassen. Was geht denn da vor, wenn nicht ein durchs Miterleben mitgemachter Mord? Die Leute gehen aus dem Theater mit weniger asozialen Regungen heraus, wie hinein. (Unter asozial verstehe ich Triebe, die auf einer kriminellen Basis beruhen – – und nicht etwa Bewegungen, die gegen eine Gesellschaftsform gerichtet sind – – ich betone das extra, so ängstlich bin ich schon geworden, durch die vielen Mißverständnisse).

Dies ist eine vornehme pädagogische Aufgabe des Theaters. Und das Theater wird nicht untergehen, denn die Menschen werden in diesen Punkten immer lernen wollen – – ja je stärker der Kollektivismus wird, umso größer wird die Phantasie. Solange man um den Kollektivismus kämpft, natürlich noch nicht, aber dann — ich denke manchmal schon an die Zeit, die man mit proletarischer Romantik bezeichnen wird. (Ich bin überzeugt, daß sie kommen wird.)

Mit meiner Demaskierung des Bewußtseins, erreiche ich natürlich eine Störung der Mordgefühle – – daher kommt es auch, daß Leute meine Stücke oft ekelhaft und abstoßend finden, weil sie eben die Schandtaten nicht so miter-

leben können. Sie werden auf die Schandtaten gestoßen – –
sie fallen ihnen auf und erleben sie nicht mit. Es gibt für
mich ein Gesetz und das ist die Wahrheit.

Ich habe Verständnis dafür, wenn jemand fragt – – Lieber
5 Herr, warum nennen Sie denn Ihre Stücke Volksstücke?
Auch hierauf will ich heute antworten, damit ich mit derlei
Sachen für längere Zeit meine Ruhe habe. Also: das kommt
so.

Vor sechs Jahren schrieb ich mein erstes Stück »Die Berg-
10 bahn«, und gab ihm den Untertitel und Artbezeichnung:
»Ein Volksstück«. Die Bezeichnung Volksstück war bis dahin in der jungen dramatischen Produktion in Vergessen-
heit geraten. Natürlich gebrauchte ich diese Bezeichnung
nicht willkürlich, das heißt: nicht einfach deswegen, weil
15 das Stück ein bayerisches Dialektstück ist und die Personen
Streckenarbeiter sind, sondern deshalb, weil mir so etwas
wie eine Fortsetzung, Erneuerung des alten Volksstückes
vorgeschwebt ist – – also eines Stückes, in dem Probleme
auf eine möglichst volkstümliche Art behandelt und ge-
20 staltet werden, Fragen des Volkes, seine einfachen Sorgen,
durch die Augen des Volkes gesehen. Ein Volksstück, das
im besten Sinne bodenständig ist und das vielleicht wieder
Anderen Anregung gibt, eben auch in dieser Richtung weiter mitzuarbeiten – – um ein wahrhaftiges Volkstheater
25 aufzubauen, das an die Instinkte und nicht an den Intellekt
des Volkes appelliert.

Zu einem Volksstück, wie zu jedem Stück, ist es aber uner-
läßlich, daß ein Mensch auf der Bühne steht. Ferner: der
Mensch wird erst lebendig durch die Sprache.
30 Nun besteht aber Deutschland, wie alle übrigen europäi-
schen Staaten zu neunzig Prozent aus vollendeten oder verhinderten Kleinbürgern, auf alle Fälle aus Kleinbürgern.
Will ich also das Volk schildern, darf ich natürlich nicht
nur die zehn Prozent schildern, sondern als treuer Chronist
35 meiner Zeit, die große Masse. Das ganze Deutschland muß
es sein!

Es hat sich nun durch das Kleinbürgertum eine Zersetzung der eigentlichen Dialekte gebildet, nämlich durch den Bildungsjargon. Um einen heutigen Menschen realistisch schildern zu können, muß ich also den Bildungsjargon sprechen lassen. Der Bildungsjargon (und seine Ursachen) fordert aber natürlich zur Kritik heraus – – und so entsteht der Dialog des neuen Volksstückes, und damit der Mensch, und damit erst die dramatische Handlung – – eine Synthese aus Ernst und Ironie.

Mit vollem Bewußtsein zerstöre ich nun das alte Volksstück, formal und ethisch – – und versuche die neue Form des Volksstückes zu finden. Dabei lehne ich mich mehr an die Tradition der Volkssänger an und Volkskomiker an, denn an die Autoren der klassischen Volksstücke. Und nun kommen wir bereits zu dem Kapitel Regie.

Ich will nun versuchen hauptsächlich möglichst nur praktische Anweisungen zu geben: (diese gelten für alle meine Stücke, außer der »Bergbahn«). Bei Ablehnung auch nur eines dieser Punkte durch die Regie, ziehe ich das Stück zurück, denn dann ist es verfälscht.

Zu den Todsünden der Regie zählt folgendes:

1. Dialekt. Es darf kein Wort Dialekt gesprochen werden! Jedes Wort muß hochdeutsch gesprochen werden, allerdings so, wie jemand, der sonst nur Dialekt spricht und sich nun zwingt, hochdeutsch zu reden. Sehr wichtig! Denn es gibt schon jedem Wort dadurch die Synthese zwischen Realismus und Ironie. Komik des Unterbewußten. Klassische Sprecher. Vergessen Sie nicht, daß die Stücke mit dem Dialog stehen und fallen!

2. In meinen sämtlichen Stücken ist keine einzige parodistische Stelle! Sie sehen ja auch oft im Leben jemand, der als seine eigene Parodie herumlauft – – so ja, anders nicht!

3. Satirisches entdecke ich in meinen Stücken auch recht wenig. Es darf auch niemand als Karikatur gespielt werden, außer einigen Statisten, die gewissermaßen als Büh-

nenbild zu betrachten sind. Das Bühnenbild auch möglichst bitte nicht karikaturistisch – – möglichst einfach bitte, vor einem Vorhang, mit einer wirklich primitiven Landschaft, aber schöne Farben bitte.

5 4. Selbstverständlich müssen die Stücke stilisiert gespielt werden, Naturalismus und Realismus bringen sie um – – denn dann werden es Milljöhbilder und keine Bilder, die den Kampf des Bewußtseins gegen das Unterbewußtsein zeigen – – das fällt unter den Tisch. Bitte achten Sie genau
10 auf die Pausen im Dialog, die ich mit »Stille« bezeichne – – hier kämpft das Bewußtsein oder Unterbewußtsein miteinander, und das muß sichtbar werden.

5. In dem so stilisiert gesprochenen Dialog, gibt es Ausnahmen – – einige Sätze, nur ein Satz manchmal, der plötz-
15 lich ganz realistisch, ganz naturalistisch gebracht werden muß.

6. Alle meine Stücke sind Tragödien – – sie werden nur komisch, weil sie unheimlich sind. Das Unheimliche muß da sein.

20 7. Es muß jeder Dialog herausgehoben werden – ein stummes Spiel der anderen, ist streng untersagt. Sehen Sie sich die Volkssängertruppen an. Zum Beispiel im ersten Bild beim Zeppelin: keine Statisten – – einzelne Leute mit angeklebten Bärten, Dicke, Dünne, Kinder, Elli und Maria,
25 usw. müssen zusehen – – ohne Bewegung, nur die Sprecher selbst, die nicht. Von dem Verschwinden des Zeppelins ab, haben alle die Bühne zu verlassen, nur Kasimir und Karoline nicht – – der Eismann kommt nur, wenn man ihn braucht, tritt er an den Kasten – – wenn Kasimir den Lukas
30 haut, kommen die Leute herein, sehen stumm zu, wie das auf dem Bolzen hinaufläuft, gehen wieder ab. Stilisiert muß gespielt werden, damit die wesentliche Allgemeingültigkeit dieser Menschen betont wird – – man kann es gar nicht genug überbetonen, sonst merkt es kei-
35 ner, die realistisch zu bringenden Stellen im Dialog und

Monolog sind die, wo ganz plötzlich ein Mensch sichtbar wird – – wo er dasteht, ohne jede Lüge, aber das sind naturnotwendig nur ganz wenig Stellen.

8. Innerhalb dieses stilisierten Spieles gibt es natürlich Gradunterschiede, so zum Beispiel:

Erste Gruppe (am wenigsten stilisiert):

Kasimir

Karoline

Erna

Zweite Gruppe:

Schürzinger

Rauch

Speer

Elli

Dritte Gruppe:

Maria

und alle Übrigen

Karikaturistisch:

die Statisten und die Abnormitäten.

Dieser Stil ist das Resultat praktischer Arbeit und Erfahrung, und kein theoretisches Postulat. Und er erhebt keinen Anspruch auf Allgemeingültigkeit, er gilt vor allem nur für meine Stücke.

Kommentar

Zeittafel

1901   Edmund (Ödön) Josef von Horváth wird am 9. Dezember als erster Sohn des Diplomaten Dr. Edmund Josef von Horváth (1874–1950) und Maria Hermine, geb. Prehnal (1882–1959) in Sušak, einem Vorort von Fiume, dem heutigen Rijeka, geboren. Horváth beschreibt seine Herkunft später folgendermaßen: »Sie fragen mich nach meiner Heimat, ich antworte: ich wurde in Fiume geboren, bin in Belgrad, Budapest, Preßburg, Wien und München aufgewachsen und habe einen ungarischen Paß – aber: ›Heimat‹? Kenn ich nicht. Ich bin eine typisch alt-österreichisch-ungarische Mischung: magyarisch, kroatisch, deutsch, tschechisch – mein Name ist magyarisch, meine Muttersprache ist deutsch« (Bd. 11, S. 184).

1902   Familie Horváth zieht nach Belgrad um, wo ein Jahr später der Bruder Lajos von Horváth zur Welt kommt.

1908   Umzug der Familie Horváth nach Budapest, wo ein Hauslehrer Ödön in ungarischer Sprache unterrichtet.

1909   Sein Vater, im Frühjahr in den Adelsstand erhoben, wird im Herbst nach München versetzt; doch Ödön selbst bleibt in Budapest und besucht dort das erzbischöfliche Internat.

1913   Ödön zieht zu den Eltern und besucht die dritte Klasse des Kaiser-Wilhelm-Gymnasiums, ehe er im folgenden Jahr auf das Realgymnasium wechselt. Seine Zensuren sind nicht die besten (vgl. Mat. IV, S. 32), überdies kommt es mit dem Religionslehrer Dr. Heinzinger zu Differenzen, die sich später in Horváths Werk niederschlagen. Im Rückblick auf diese Jahre schreibt Horváth: »Während meiner Schulzeit wechselte ich viermal die Unterrichtssprache und besuchte fast jede Klasse in einer anderen Stadt. Das Ergebnis war, daß ich keine Sprache ganz beherrschte. Als ich das erste Mal nach Deutschland kam, konnte ich keine Zeitung lesen, da ich keine gotischen Buchstaben kannte, obwohl meine Muttersprache die deutsche ist. Erst mit vierzehn [!] Jahren schrieb ich den ersten deutschen Satz« (Bd. 11, S. 183).

1915 Sein Vater wird von der Front abberufen und erneut nach München beordert. Später schreibt Ödön über diese Jahre: »An die Zeit vor 1914 erinnere ich mich nur, wie an ein langweiliges Bilderbuch. Alle meine Kindheitserlebnisse habe ich im Kriege vergessen. Mein Leben beginnt mit der Kriegserklärung« (ebd.).

1916 Umzug der Familie nach Preßburg, wo Ödön wieder eine ungarische Schule besucht. Er beginnt zu schreiben, doch nur das Gedicht »Luci in Macbeth. Eine Zwerggeschichte von Ed. v. Horváth« bleibt erhalten.

1918 Vor Kriegsende wird der Vater erneut nach Budapest berufen, so dass Ödön die Nachkriegswirren in der ungarischen Hauptstadt erlebt, sich dort stark für die machtpolitischen Kämpfe interessiert und sich schließlich im Galilei-Kreis engagiert, einer Gruppe junger Leute, die mit Begeisterung die national-revolutionären Werke von Endre Ady (1877–1919) liest.

1919 Während der Vater im Frühjahr zurück nach München versetzt wird, kommt Ödön in die Obhut seines Onkels Josef Prehnal (1875–1929) – dem Vorbild des Rittmeisters in *Geschichten aus dem Wiener Wald* – in Wien, wo er das Privatgymnasium der Salvatorianer besucht. Nach dem Abitur im Sommer zieht auch er wieder nach München, immatrikuliert sich im Herbst an der Ludwig-Maximilians-Universität und besucht psychologische, literatur-, theater- und kunstwissenschaftliche Seminare bis zum Wintersemester 1921/22.

1920 Ödön beginnt Gedichte zu schreiben. Daneben lernt er »durch einen Zufall« (Bd. 11, S. 199) den Komponisten Siegfried Kallenberg (1867–1944) kennen, auf dessen Anregung die Pantomime *Das Buch der Tänze* entsteht. Über seinen Werdegang als »Literat« berichtet er später in einem Radiointerview: »Ich besuchte 1920 in München die Universität und hatte, wie man so zu sagen pflegt, Interesse an der Kunst, hatte mich selber aber in keiner Weise noch irgendwie künstlerisch betätigt – nach außen hin – innerlich, mit dem Gedanken schon, da sagte ich mir: Du könntest doch eigentlich Schriftsteller werden, du gehst doch zum Beispiel gern ins Theater, hast bereits allerhand erlebt, du widersprichst gern, fast dauernd, und dieser eigentümliche Drang, das was man so sieht und erlebt und vor allem: was man sich einbildet, daß es die Anderen erleben, niederzuschreiben, den hast du auch – und dann weißt du auch, daß man nie Konzessionen machen darf und daß es dir immer schon gleichgültig war, was die Leute über dich geredet haben – und so hatte ich eigentlich schon auch das, was pathetische Naturen als die ›Erkenntnis einer dichterischen Mission‹ bezeichnen« (ebd., S. 198 f.).

1922   *Das Buch der Tänze* wird mit zwei anderen Werken konzertant aufgeführt und erscheint anschließend in einer Auflage von 500 Exemplaren im Münchner El Schahin-Verlag. 1926 kauft Ödön die Restauflage mit Hilfe seines Vaters auf und vernichtet sämtliche Exemplare. Horváth war sich anfänglich keineswegs sicher, ob er als Schriftsteller arbeiten sollte oder nicht, denn im Rückblick bemerkt er: »Ich versuchte es noch mit allerhand mehr oder minder bürgerlichen Berufen – aber es wurde nie etwas Richtiges daraus – anscheinend war ich doch zum Schriftsteller geboren« (ebd., S. 199 f.).

1923   Ödön beginnt intensiv zu schreiben, doch die meisten Manuskripte aus diesen Jahren vernichtet er. Vermutlich entstehen in dieser Zeit das Fragment »Dosa« und das Schauspiel *Mord in der Mohrengasse*, aus dem einzelne Motive in späteren Stücken auftauchen.

1924   Im Satireblatt *Simplicissimus* erscheinen erstmals Horváths *Sportmärchen*. Nach einer längeren Parisreise mit dem Bruder beschließt Ödön nach Berlin umzuziehen, und in Berliner Zeitungen werden in den nächsten Jahren weitere *Sportmärchen* publiziert.

1926   Am Stadttheater in Osnabrück wird *Das Buch der Tänze* am 19. Februar uraufgeführt, das auf negative Kritiken stößt. Zur gleichen Zeit entstehen die Dramen *Revolte auf Côte 3018*, das den Bau der Zugspitzbahn zum Anlass nimmt, und *Zur schönen Aussicht*.

1927   Am 7. April stellt Horváth in Murnau den ersten Antrag auf Einbürgerung, doch sein Wunsch, bayerischer Staatsangehöriger zu werden, erfüllte sich ebensowenig wie sein erneuter Versuch im darauffolgenden Jahr, die ungarische Staatsangehörigkeit für die deutsche einzutauschen. Im Berliner Büro der »Deutschen Liga für Menschenrechte« sichtet Horváth Unterlagen für eine Denkschrift zur Justizkrise und stößt dabei auf Material über Fememorde der Schwarzen Reichswehr, das er später in seinem Stück *Sladek oder Die schwarze Armee* verarbeitet. Die Uraufführung *Revolte auf Côte 3018* in Hamburg am 4. November wird ein Misserfolg, weshalb Horváth das Stück bearbeitet und es unter dem Titel *Die Bergbahn* vervielfältigen lässt. In einem Radiointerview beschreibt er später sein Volksstück so: »Das Stück hat zum Inhalt den Kampf zwischen Kapital und Arbeitskraft. Zwischen den beiden Parteien steht ein Ingenieur, und durch ihn ist die Stellung der sogenannten Intelligenz im Produktionsprozeß charakterisiert« (ebd., S. 200).

1928 Horváth schreibt das Stück *Sladek oder Die schwarze Armee*, arbeitet es später um. Die Neufassung erhält den Titel *Sladek, der schwarze Reichswehrmann*. In diesem und im folgenden Jahr verfasst er daneben sendereife *Sieben Szenen für den Rundfunk* unter dem Titel *Stunde der Liebe*, die aber erst 1973 im Radio zu hören sind.

1929 Mit großem Erfolg wird am 4. Januar *Die Bergbahn* in Berlin uraufgeführt. Das Haus Ullstein bietet ihm daraufhin ein Fixum und einen Vertrag an, sodass Horváth zukünftig als freier Schriftsteller leben kann. Er schreibt die Posse *Rund um den Kongreß*, einzelne Kapitel des späteren Romans *Der ewige Spießer* sowie die Geschichten der *Agnes Pollinger* und entwirft den Roman *Der Mittelstand*. In einer Matinee-Veranstaltung wird am 13. Oktober *Sladek, der schwarze Reichswehrmann* uraufgeführt. Das Stück enttäuscht die Kritik, ruft aber bei den Nationalsozialisten heftige Angriffe hervor.

1930 Der Roman *Der ewige Spießer* erscheint im zur Ullstein AG gehörenden Berliner Propyläen Verlag, in dessen Theaterabteilung Arcadia auch seine Dramen publiziert

werden. Zugleich schreibt Horváth an den beiden Volks-
stücken *Geschichten aus dem Wiener Wald* und *Italienische Nacht* und greift in seinem Stück *Die Lehrerin von
Regensburg* das reale Schicksal der ersten protestanti-
schen Volksschullehrerin Elly Maldaque in Regensburg
auf. Am 12. September tritt er aus der katholischen Kir-
che aus.

1931 Am 20. März wird im Berliner Theater am Schiffbauer-
damm *Italienische Nacht* mit großem Erfolg uraufgeführt. Eine entpolitisierte Fassung des Stückes hat am
5. Juli in Wien Premiere, anlässlich der Horváth in einem
Interview erklärt, er habe »eben« die *Geschichten aus
dem Wiener Wald* abgeschlossen, an denen er lange Zeit
gearbeitet hatte. Im Herbst erhält Horváth auf Vorschlag
Carl Zuckmayers (1896–1977) zusammen mit Erik Re-
ger (1893–1954) den Kleist-Preis. Die Uraufführung von
Geschichten aus dem Wiener Wald am 2. November am
Deutschen Theater in Berlin wird zu einem entscheidenden Theatererfolg und macht Horváth zum anerkannten
Dramatiker. Zusammen mit R. A. Stemmle (1903–1974)
schreibt Horváth an einer Ausstattungsrevue »Magazin
des Glücks« für Max Reinhardt (1873–1943), die aber
nicht vollendet wird, im Gegensatz zu seinem Volksstück
Kasimir und Karoline.

1932 Horváth arbeitet an seinem Stück *Glaube Liebe Hoffnung*, gibt ein Radiointerview (vgl. Bd. 11, S. 196 ff.) und
tritt bei Autorenlesungen in München auf. Am 18. November wird *Kasimir und Karoline* in Leipzig und eine
Woche später – in der gleichen Inszenierung – in Berlin
uraufgeführt. Die Kritik reagiert gespalten, und Horváth
sieht sich veranlasst, für künftige Inszenierungen eine
»Gebrauchsanweisung« (vgl. »Anhang«, S. 80 ff.) für
seine Stücke zu verfassen. Der Vertrag zwischen Ullstein
und Horváth, der ihm zunächst 300 Mark und ab 1931
500 Mark monatlich zusicherte, wird »auf Grund gegen-
seitigen freundschaftlichen Übereinkommens« gelöst.

1933 Heinz Hilpert (1890–1967) wird von den Nationalsozialisten gezwungen, das zur Uraufführung angenommene

Stück *Glaube Liebe Hoffnung* wieder abzusetzen. Auch andere Stücke Horváths dürfen nicht mehr gespielt werden. In Murnau wird das Haus der Eltern Horváths von einem SA-Trupp durchsucht. Horváth verlässt daraufhin Deutschland, wohnt zunächst in Österreich, wo er an dem Stück *Die Unbekannte aus der Seine* schreibt. Da Horváth in Deutschland als unerwünschte Person gilt und um die ungarische Staatsbürgerschaft zu behalten, muss er nach Budapest reisen. Dieses Erlebnis verarbeitet er später in der Posse *Hin und Her*. In Wien heiratet er am 27. Dezember die Sängerin Maria Elsner (1905–1981), doch die Ehe wird bereits am 2. September 1934 wieder geschieden.

1934   Die geplante Uraufführung des Stücks *Die Unbekannte aus der Seine* in Wien kommt nicht zustande. Horváth reist nach Berlin, da er ein Bühnenwerk über den Nationalsozialismus plant. Seine Eindrücke finden sich in den Skizzen zum Stück *Der Lenz ist da!* (GW 1970, Bd. 4, S. 100 ff.) und später im Roman *Jugend ohne Gott*. In Berlin findet Horváth Anschluss an die Filmindustrie, entwickelt mehrere Stoffe, schreibt an Filmdialogen und verschiedenen Exposés. Um überhaupt in der Filmbranche arbeiten zu können, wird Horváth zunächst Mitglied im nationalsozialistischen »Reichsverband Deutscher Schriftsteller« (RDS). Zugleich setzt er seine dramatischen Arbeiten fort und vollendet das Märchen »Himmelwärts« (Bd. 7, S. 157 ff.), das im Neuen Bühnenverlag erscheinen soll. Der Verleger Willy Stuhlfeld rechtfertigt diese Publikation gegenüber dem Reichsdramaturgen Rainer Schlösser, indem er aus einem Brief Horváths kurz nach dessen Antragstellung zum RDS zitiert. Darin grenzt sich Horváth einerseits entschieden vom »Kreis um Piscator und Brecht« ab und bekennt andererseits: »Ich erwarte es niemals, dass man mich irgendwo mit offenen Armen empfängt, aber es wäre für mich mehr als ein sehr schmerzliches Erlebnis, wenn man es mir untersagen würde, am Wiederaufbau Deutschlands mitzuarbeiten, soweit dies mir meine Kräfte erlauben« (Lunzer

u. a. 2001, S. 115). Am 13. Dezember hat in Zürich die
Komödie *Hin und Her* Premiere.

1935 Horváths finanzielle Lage verschlechtert sich, da seine
Stücke in Deutschland nicht mehr gespielt werden kön-
nen. Zugleich verfasst er Skizzen und Fragmente zum
Thema »Flucht aus der Gegenwart« und entwickelt mit
seinem Bruder den Plan zu einem bebilderten Briefroman
mit dem Titel »Die Reise ins Paradies« (GW 1970, Bd. 4,
S. 456 f.). Als Auftragsarbeit für den Max Pfeffer Verlag
schreibt Horváth das Stück *Mit dem Kopf durch die
Wand*, dessen Uraufführung am 10. Dezember in Wien
bei der Kritik durchfällt. Darüber schreibt er später:
»Einmal beging ich einen Sündenfall. Ich schrieb ein
Stück, ›Mit dem Kopf durch die Wand‹, ich machte Kompromisse, verdorben durch den neupreußischen Einfluß,
und wollte ein Geschäft machen, sonst nichts. Es wurde
gespielt und fiel durch. Eine gerechte Strafe« (Bd. 11, S.
227).

1936 Horváth arbeitet intensiv an seinen Stücken, sodass *Der
jüngste Tag*, *Figaro läßt sich scheiden* und *Don Juan
kommt aus dem Krieg* fertig werden. Er lebt meistenteils
in Wien und in Henndorf bei Salzburg. Als er im August
seine Eltern in Possenhofen besucht, wird ihm mitgeteilt,
seine Aufenthaltsgenehmigung sei ihm entzogen und er
habe Deutschland binnen 24 Stunden zu verlassen. Am
13. November wird *Glaube Liebe Hoffnung* in Wien unter dem Titel *Liebe, Pflicht und Hoffnung* uraufgeführt.

1937 Horváth beginnt, sich von fast all seinen Bühnenstücken
zu distanzieren (vgl. ebd.), und plant das Projekt »Komödie des Menschen«, das er als Kontrast zu *Mit dem
Kopf durch die Wand* (1935) begreift: »So habe ich mir
nun die Aufgabe gestellt, frei von Verwirrung die Komödie des Menschen zu schreiben, ohne Kompromisse,
ohne Gedanken ans Geschäft. Es gibt nichts Entsetzli-
cheres als eine schreibende Hur. Ich geh nicht mehr auf
den Strich und will unter dem Titel ›Komödie des Menschen‹ fortan meine Stücke schreiben, eingedenk der Tatsache, daß im ganzen genommen das menschliche Leben

immer ein Trauerspiel, nur im einzelnen eine Komödie ist« (ebd.). In Henndorf beendet er seinen Roman *Jugend ohne Gott*, der im Herbst im Amsterdamer Verlag Allert de Lange erscheint. Dem Romanerfolg, der mehrere Übersetzungen nach sich zieht, stehen einige Uraufführungen gegenüber, die aber meistens folgenlos bleiben: am 2. April *Figaro läßt sich scheiden* in Prag, am 24. September *Ein Dorf ohne Männer* in Prag, am 5. Dezember *Himmelwärts* in Wien, am 11. Dezember *Der jüngste Tag* in Mährisch-Ostrau. Noch im selben Jahr beginnt er mit der Arbeit an seinem zweiten Roman *Ein Kind unserer Zeit*, der ein Jahr später ebenfalls im Allert de Lange Verlag veröffentlicht wird.

1938　　Starke Depressionen, Unzufriedenheit mit seinen Arbeiten und finanzielle Probleme hindern Horváth an der Vollendung seiner Pläne. Vom Romankonzept »Adieu Europa!« entstehen nur wenige Seiten. Während mehrere seiner Freunde Österreich verlassen – Walter Mehring (1896–1981) emigriert nach Zürich, Hertha Pauli (1909–1972) nach Paris, Franz Theodor Csokor (1885–1969) nach Polen –, fährt Horváth zunächst nach Budapest, später weiter nach Fiume. Von Budapest schreibt er an F. Th. Csokor: »Gott, was sind das für Zeiten! Die Welt ist voller Unruhe, alles drunter und drüber, und noch weiß man nichts Gewisses! Man müßte ein Nestroy sein, um all das definieren zu können, was einem undefiniert im Wege steht! Die Hauptsache, lieber guter Freund, ist: Arbeiten! Und nochmals: Arbeiten! Und wieder: Arbeiten! Unser Leben ist Arbeit – ohne sie haben wir kein Leben mehr. Es ist gleichgültig, ob wir den Sieg oder auch nur die Beachtung unserer Arbeit erfahren, – es ist völlig gleichgültig, solange unsere Arbeit der Wahrheit und der Gerechtigkeit geweiht bleibt« (GW 1970, Bd. 4, S. 680). Dem Besuch weiterer Städte folgt eine Besprechung am 1. Juni mit Robert Siodmak (1900–1973) in Paris, der eine Verfilmung von *Jugend ohne Gott* plant. Horváth beabsichtigt, am nächsten Morgen nach Zürich weiterzureisen. Gegen 19³⁰ Uhr wird er von einem herabstürzenden Ast gegenüber dem Théâtre Marigny erschlagen. In seiner Tasche soll man auf einer Zigarettenschachtel folgende Zeilen gefunden haben: »Und die Leute werden sagen / In fernen blauen Tagen / Wird es einmal recht / Was falsch ist und was echt // Was falsch ist, wird ver-kommen / Obwohl es heut regiert. / Was echt ist, das soll kommen – / Obwohl es heut krepiert« (ebd., S. 688). Am 7. Juni findet die Beerdigung Ödön von Horváths auf dem Pariser Friedhof Saint-Ouen unter Anteilnahme vie-ler Exilautoren statt.

Text- und Entstehungsgeschichte

Da Ödön von Horváth seine schriftstellerische Arbeit kaum dokumentierte, kein Tagebuch führte und sich auch nur äußerst selten brieflich zu seinen Werken äußerte, lässt sich die genaue Entstehungsgeschichte von *Glaube Liebe Hoffnung* nur bruchstückhaft rekonstruieren. Erschwerend kommt hinzu, dass er oft fertige Passagen für verschiedene Stücke verwendete oder Personenkonstellationen aus bereits abgeschlossenen Arbeiten übernahm. Zudem kokettierte der Autor mit seiner Unfähigkeit, das eigene Werk zu kommentieren, als er in einem – allerdings später getilgten – Satz seiner »Gebrauchsanweisung« betont: »Leider bin ich nicht im Stande, über irgend eines meiner Stücke, irgend etwas zu erzählen. Ich kann meine Stücke nicht erzählen, es ist immer die kürzeste Form, wie ich es ausdrücken kann« (GW 1970, Bd. 4, S. 44*). Und im Kontext eines Radiointerviews notiert Horváth 1932: »Bei den Kritikern und dem Publikum lösten meine Stücke bisher immer eine ziemliche Erregung aus – (so konnte die *Italienische Nacht* in Berlin nur unter Polizeischutz uraufgeführt werden) – Diese Erregung ist mir persönlich ziemlich schleierhaft« (Bd. 11, S. 212).

Bekanntschaft mit Lukas Kristl Entscheidend für die endgültige Konzeption von *Glaube Liebe Hoffnung* war zweifellos die Bekanntschaft mit (Wilhelm) Lukas Kristl (1903–1985), ein »Gerichtssaalberichterstatter« wie ihn Horváth nannte, und dessen Bericht in der sozialdemokratischen Zeitung *Münchner Post* vom 13./14.7.1929 (vgl. »Anhang«, S. 71 f.). Daher war es nur konsequent, dass Horváth auf allen publizierten Titelblättern Kristls Mitarbeit anführte. Was ihm diese Zusammenarbeit bedeutete, zeigt nicht zuletzt der Text »Randbemerkung« (vgl. S. 9 ff. sowie Mat. VI, S. 61 ff.; GW 1988, Bd. 2, S. 649 ff.), der Aufschluss über die Beweggründe für diesen »kleine[n] Totentanz« gibt, der zunächst *In der Maschinerie der Paragraphen* oder *In die Maschine geraten* oder *Von der Maschine erfasst* heißen sollte.

Beginn der Niederschrift Vermutlich begann die konkrete Arbeit an *Glaube Liebe Hoffnung* im Frühjahr 1932. Horváth dürfte dabei auf diverse Skizzen aus den Jahren um 1930 zurückgegriffen haben; diese frühen Entwürfe verweisen auf ein gemeinsames Konzept für die Stücke *Kasimir und Karoline* und *Glaube Liebe Hoffnung* (vgl. Mat. VI, S. 47 ff.), denn die Protagonistin heißt in beiden Fällen Karoline. Mit der Namensänderung in Elisabeth wird die Entwicklung zum eigenen Stück deutlich, bei dem anfänglich noch die private Umgebung eine größere Rolle spielt, etwa die Figur von Elisabeths Vaters und ihrer Stiefmutter (vgl. GW 1988, Bd. 2, S. 669 ff.). Durch die enge Zusammenarbeit mit Kristl treten dessen Vorschläge immer mehr in den Vordergrund, und die Handlung bewegt sich eng an dessen geschilderten Fall der »jungen Angeklagten, die in Korsetten reiste« (vgl. »Anhang«, S. 71).

Da auch Kristl Szenenskizzen entwarf, tauchte später die Frage auf, warum er nicht als Koautor erscheinen wollte. Darauf antwortete Kristl 1957 klipp und klar:

> »Ursprünglich wollten wir beide als Autoren zeichnen. Später meinte Horváth, die Berliner Kritiker nähmen ein Stück zweier Autoren nicht recht ernst. So kamen wir überein, nur außerhalb Berlins gemeinsam zu zeichnen, bei der Berliner Premiere aber sollte er allein als Autor erscheinen und mich dafür im Programmheft erwähnen. Auf diese Weise entstand das Vorwort [d. h. die »Randbemerkung«], das ich erst später zu Gesicht bekam« (Mat. VI, S. 53).

Das Stück lag im Spätsommer 1932 fertig vor; neben verschiedenen Presseberichten kündigte auch das »12. Flugblatt« des Arcadia Verlags im September sowohl die Berliner Uraufführung von *Kasimir und Karoline* im selben Monat an als auch die Premiere von *Glaube Liebe Hoffnung* für Januar 1933 im Deutschen Theater in Berlin. Es muss allerdings Spekulation bleiben, welche Fassung auf die Bühne gebracht werden sollte: War es jene mit dem Untertitel »Kleinbürgerliche Komödie« – laut Horváth sei bei diesem Genre das »individualistisch erlebte und gelebte Schicksal [...] immer Komödie, selbst wenn es auf den Kothurnen des Trauerspiels daherschreitet« (Kastberger 1998, S. 56) –, oder war es jene mit dem Untertitel »Volksstück in zwei Teilen und einem Epilog« (GW 1988, Bd. 2, S. 695 ff.)? Handelte es sich etwa schon um jene vollständige Variante mit dem Untertitel »Volksstück in sieben Bildern« (vgl. *Gesammelte*

Abschluss der Niederschrift

Werke, Frankfurt/M. 1986, Bd. 6, S. 71 ff.) oder gar um das vom Arcadia Verlag bereits gedruckte Bühnenmanuskript mit dem Copyright-Vermerk 1932, das den Untertitel trägt: »Ein kleiner Totentanz in fünf Bildern«? Vergleicht man all diese Fassungen, so verändern sich einerseits nicht nur die auftretenden Figuren und deren Namen, sondern v. a. das Stückende mit dem Tod Elisabeths, das erst in der »endgültigen Fassung«, dem »Totentanz«, zu finden ist.

War die Besetzungsliste zu Beginn noch weit umfangreicher, da in einer früheren Fassung »ein hochgewachsener Herr mit vierjährigem Sohne«, »Joachim Prantl«, ein »Tierpfleger«, eine »Kellnerin« sowie der »Polizeipräsident« auftreten, so streicht Horváth später bestimmte Motive wie jenes der »Schönheitskonkurrenz« (GW 1988, Bd. 2, S. 665 ff.) oder die Aktivitäten der Studenten (ebd., S. 688 ff.) ganz und arbeitet die verschiedenen Autounfallursachen ebenso um (ebd., S. 665 ff.) wie die Geschichte Frau Prantls (ebd., S. 689 ff.). Insgesamt strafft Horváth das Stück in seiner Aussage immer mehr und verzichtet auf aktuelle politische Hinweise (ebd., S. 700, 704 f., 717, 725, 729). Einige parodistische Szenen wie jene im »Tierpark« (Bd. 6, S. 81 ff.) oder im »Bierkeller« (ebd., S. 107 ff.) lässt er schließlich ganz weg. Andererseits wird die Einführung in das Stück immer länger, weshalb in einer späteren Fassung zunächst das Bibelzitat als Motto auftaucht, ehe ganz am Schluss des Bearbeitungsprozesses die »Randbemerkung« am Anfang steht.

Publikations-
historie

Nach *Italienische Nacht* (1931) und *Geschichten aus dem Wiener Wald* (1932) wollte Horváth als nächste Publikation einen Band mit dem Titel *Glaube Liebe Hoffnung nebst Kasimir und Karoline. Zwei kleine Dramen aus dem Volksleben* veröffentlichen, der allerdings damals und auch später so nicht realisiert werden konnte. Knapp 30 Jahre dauerte es, bis das interessierte Publikum den Text erstmals lesen konnte. Im Band *Stücke*, den Traugott Krischke 1961 herausgab, war das Drama zusammen mit sechs weiteren abgedruckt. Erste Entwürfe und Varianten brachte dann die Ausgabe der *Gesammelten Werke* Horváths 1970/71, die nochmals ergänzt wurden, als Krischke 1973 eine Einzelausgabe des Stückes editierte und parallel dazu einen Materialienband vorlegte.

Theatergeschichte

Eigentlich sollte *Glaube Liebe Hoffnung* noch im Januar 1933 aufgeführt werden, doch die Nazis verhinderten die von Heinz Hilpert (1890–1967) am Deutschen Theater in Berlin geplante Inszenierung mit dem Hinweis auf die »Richtlinien für eine lebendige deutsche Spielplangestaltung«, aufgestellt vom dramaturgischen Büro des Kampfbundes für deutsche Kultur. Dort hieß es, der Spielplan eines deutschen Theaters müsse

Absage der Berliner Premiere 1933

> »einem deutschen Publikum wesens- und artgemäß sein;
> d. h., die dargebotenen Werke müssen in ihrer geistigen Haltung, in ihren Menschen und deren Schicksalen deutschem Empfinden, deutschen Anschauungen, deutschem Wollen und Sehen, deutschem Lebensernst und deutschem Humor entsprechen. Da das Werk des Dichters nicht von seiner Persönlichkeit und seiner blutgebundenen Wesensart zu trennen ist, dürfen auf einer deutschen Bühne in erster Linie nur deutschblütige Dichter zu Worte kommen, die ihre deutsche Art nicht verleugnen. Das deutsche Theater darf nicht mehr wie bisher der Tummelplatz artfremden oder in nationaler Beziehung charakterlosen Geistes sein« (Mat. VI, S. 59).

Horváth musste fast vier Jahre warten, bis das Stück erstmals auf der Bühne zu sehen war. Ursprünglich angekündigt unter dem Titel *Kleine Sünden* für den 12. 11. 1936, fand die Uraufführung einen Tag später unter dem Titel *Liebe, Pflicht und Hoffnung* im Wiener »theater für 49« unter der Regie von Ernst Jubal statt, beklatscht vom Publikum, gefeiert von den anwesenden Künstlerfreunden Csokor, Werfel, Zuckmayer und gelobt von der Kritik. Diese »sehr ergreifende kleine Komödie mit tragischem Ausgang« (*Neue Freie Presse*, 1. 12. 1936) gefiel den Rezensenten v. a. wegen des wirksamen Aufbaus, den Schauspielerleistungen sowie der Verbindung von Humor und Ernsthaftigkeit. In Paris brachte Alwin Kronacher (1880–1951) am 8. 12. 1938 das Stück schließlich unter dem endgültigen Titel anlässlich eines »Deutschen Theaterabends zu Ehren des deutschen Dichters Oedön von Horvath« auf die Bühne, nachdem der Dichter am 1. 6. 1938 in der französischen Hauptstadt tödlich verunglückt war.

Uraufführung in Wien 1936

Wie unbekannt den Theatermachern *Glaube Liebe Hoffnung*
einst war, zeigt die Ankündigung einer »Uraufführung anläßlich
der Wiener Festwochen« im Jahr 1952 im Kleinen Theater im
Konzerthaus (Regie: Michael Kehlmann). Einzig Friedrich Tor-
berg (1908–1979) bemerkte diese Ungenauigkeit und sprach
daher korrekterweise von einer »authentischen Fassung«. Tor-
berg nannte es ein »böses, ein genialisch böses Stück, mit genialisch bösen Verstößen gegen die Gesetze des Baus« (vgl. zu dieser Inszenierung Mat. VI, S. 87–104).

Heinz Hilpert, der 1933 das Stück nicht hatte auf die Bühne
bringen dürfen, förderte in der Nachkriegszeit und während seiner Intendanz in Göttingen mehrere Horváth-Aufführungen;
dort fand am 23. 10. 1954 auch die deutsche Premiere von *Glaube Liebe Hoffnung* unter der Regie von Fritz Schmiedel (1906–
1979) statt. Von der Kritik wurde bemängelt, dem Stück fehle
für eine Tragödie jene »Schwung- und Symbolkraft, die das ›Be-
sondere‹ zum ›Allgemeinen‹ erheben und das Einfache viel sa-
gend machen könnte, so hintergründig sich auch einzelne Dia-
loge dabei geben mögen« (ebd., S. 116). Trotz der schulmeister-
lichen Hinweise, der Autor sei kein Sophokles und hätte sich
lieber an den Naturalisten orientieren sollen (vgl. ebd., S. 119),
wird andererseits dessen »Aktualität« betont, denn »kaum läßt
sich ein Milieustück denken, das, obgleich schon 1932 geschrie-
ben, unserer saturierten Welt einen sorgfältiger geputzten Spiegel vorhält« (ebd., S. 121).
Einem größeren Publikum wurde *Glaube Liebe Hoffnung* dann
1958 durch eine Produktion des SDR (Regie: Franz Peter Wirth)
im Deutschen Fernsehen bekannt, der in den Jahren bis 1972
weitere 15 Bildschirmpräsentationen verschiedener Dramen
Horváths folgten. Fünf Jahre später wurde diese wiederholt, und
seither gehört das Stück zum Repertoire vieler Theater und ist
pro Spielzeit mindestens einmal auf einer Bühne zu sehen. 1969
strahlten das österreichische und das Zweite Deutsche Fernsehen eine Wiener Aufführung aus, die ein Fernsehkritiker als »Le-
murenreigen« beschrieb (*Süddeutsche Zeitung*, 18.7.1969).
Diese Inszenierung im »Volkstheater in den Außenbezirken«
war in der österreichischen Hauptstadt bereits die fünfte Büh-
nendarstellung nach der Premiere im Jahre 1936, der »kleinen

Kommentar

Tragödie« 1952, der »Allerheiligengeschichte« 1956 (vgl.
Mat. VI, S. 103) und dem »naturalistischen Volksstück« 1962,
der »vermutlich authentischsten Horváth-Inszenierung, die man
je sah« (vgl. ebd., S. 108, 112). Die Präsentation von Herbert
Fuchs aus dem Jahr 1969 sorgte jedoch für weit weniger Aufsehen als jene Produktion, die Peter Palitzsch (1918–2004) im Palitzschs
gleichen Jahr in Stuttgart einrichtete (vgl. ebd., S. 167–187). Pa- Stuttgarter
litzsch folgte dem damaligen Bühnentrend zu einer »Montage Inszenierung
eines Textes aus den verschiedensten Materialien zum Stück«, 1969
der ein Jahr zuvor bereits zu einer Fassung der *Italienischen
Nacht* mit Material aus dem dortigen Horváth-Archiv geführt
hatte (vgl. SBB 43, S. 105) und 1972 eine philologisch präparier-
te Fassung der *Geschichten aus dem Wiener Wald* (vgl. SBB 26,
S. 128) nach sich zog.
Während bis dahin die Inszenierungen vorwiegend den Text jener Bühnenfassung mit »fünf Bildern« spielten, die Horváths
Bühnenverlag Arcadia 1933 als »unverkäufliches Bühnenmanuskript« gedruckt hatte – sei es ohne durchschlagenden Erfolg
1961 in München, wo der spätere Starkritiker Joachim Kaiser
(* 1928) sogar ein »Leerstück« sah; sei es in Luzern bei der
Schweizer Erstaufführung 1963, wo es zusammen mit Büchners
Woyzeck gespielt wurde; oder seien es schließlich die entsprechenden Lokalpremieren 1966 in Hannover und Konstanz oder
1968 in Ulm –, also gegenüber all diesen eher traditionellen oder
»werkgerechten« Inszenierungen stellte Palitzsch aus den vielen
nachgelassenen Szenen und Fassungen seine eigene Fassung zusammen und schrieb »Notizen« zum Stück (vgl. Mat. VI,
S. 163 f.). Das Programmheft nennt dies schlicht »Einrichtung
und Inszenierung«, wodurch auf der Bühne ein »Zweiakter mit
acht Bildern« (ebd., S. 172) zu sehen war, da Palitzsch zu den
bekannten fünf Bildern des »kleinen Totentanzes« die drei Szenen Tierpark (vgl. *Gesammelte Werke*, 1986, Bd. 6, S. 81 ff.),
Verführungsszene im Auto (vgl. GW 1988, Bd. 2, S. 695 ff.) und
Bierkeller (vgl. *Gesammelte Werke*, 1986, Bd. 6, S. 107 ff.) hin-
zufügte. All dies ließ er vor einer Rahmenkulisse spielen, »über
der Filmprojektionen flimmern, vor der Inschriften aufleuchten,
Hinweise auf Bibel und Strafgesetzbuch, Zitate aus dem Stück«
(Mat. VI, S. 182), damit »das Betrachten der Inszenierung ein

sinnlicher Genuß« sei (vgl. ebd., S. 185). Ivan Nagel (1931-2012) sah indes in Palitzschs Veränderungen »Tödliches«, da aus dem großen Stück nur ein »langes« werde (ebd., S. 172). Walter Huder (1921–2002) hingegen wertete die Stuttgarter Bühnendarbietung als »eine dramaturgisch überzeugendere Fassung dieses Zentralstücks als die angeblich autorisierte« (ebd., S. 162). So führte diese Inszenierung zur Diskussion der entscheidenden Frage, wie mit jenen Passagen, Szenen zu verfahren sei, die Horváth konsequent beiseite ließ, später bewusst veränderte und nicht in die endgültige Fassung aufnahm. Galt diese Verwertung vielen als verwerflicher Eingriff in Horváths Werk, so überzeugte die »Palitzsch-Rekonstruktion«, wie sie Traugott Krischke 1973 nannte, zahlreiche andere Regisseure. Sie spielten deshalb diese Fassung nach, etwa 1970 in Basel, Wiesbaden und Augsburg sowie 1972 in Heidelberg und 1973 in Essen. Die Aufregung über die »hinzugefügten Szenen« hatte sich inzwischen anscheinend gelegt, denn nicht allen Kritikern fielen diese überhaupt auf; und wie bei so vielen Theaterereignissen fanden sie jeweils ein gespaltenes Echo. Sah ein Kritiker der Basler Aufführung in den drei ergänzten Szenen etwa ein »mehr an kleinbürgerlicher Milieuschilderung und menschlicher Farbe« (Mat. VI, S. 276), monierte ein anderer Rezensent diese Veränderungen als »reichlich überflüssig« (ebd., S. 274). Für den Regisseur Horst Siede war diese Basler Produktion nicht allein seine zweite Aufführung des Stückes, sondern zugleich die »Korrektur und Ergänzung« seiner Ulmer Inszenierung (1968) dank der Palitzsch-Fassung. In Hannes Meyer fand er zudem einen Bühnenbildner, der ebenfalls neue Wege ging, indem er ein riesiges Orchestrion als Mittelpunkt wählte, »das die ganze Bühnenbreite einnahm, in den drei Nischen die allegorisierten Figuren des Titels, die sich zur scheppernden Musik aus den Orgelpfeifen majestätisch drehten. Das war mehr als nur gerade eine Trouvaille, das war schon ein genialer Einfall, weil auf dieser Folie von Jahrmarktstand die Jämmerlichkeit dieser Existenzen tatsächlich bewegend wurde« (ebd., S. 279).

Ungeachtet der Auseinandersetzung darüber, wie viele Veränderungen am Text zulässig seien, wurde das Stück in den letzten vier Jahrzehnten auf die verschiedensten Bühnen gebracht: So spielten 1973 Insassen der Landesstrafanstalt Freiburg im »podium« der Städtischen Bühnen Freiburg dieses Stück, mit Unterstützung der Behörden, bewacht von sechs Polizisten in Zivil auf eine Weise, die Heinz Dieter Popp in seiner Kritik »Hoffnung hinter Mauern« zu folgender Deutung anregte: »Das Stück will zeigen – und hier identifizieren sich die Schauspieler aus der Haftanstalt mit dem Werk –, wie die Umwelt Vorbestraften gegenübertritt: mit Mißtrauen, mit Ablehnung, mit Intoleranz« (ebd., S. 45).

In den 1960er und 1970er Jahren hatte sich auch der Typus des genuinen »Horváth-Regisseurs« herausgebildet; zu ihnen gehören neben Hans Hollmann (vgl. dessen »Grundsätze für künftige Horváth-Regisseure«, in: Mat. III, S. 96 ff.) auch Michael Kehlmann und Wolf Dietrich (vgl. dessen »Grundsätze für heutige Horváth-Regisseure«, in: ebd., S. 102 ff.), die die verschiedensten Dramen des Autors inszenierten, und dies oft gleich mehrmals. Für einen Teil der Kritik stand zu dieser Zeit nicht die Gattungsfrage – Tragödie oder Komödie? Volks- oder Milieustück? – im Vordergrund, sondern als ein zentrales Kennzeichen guter Horváth-Inszenierungen galt die Darbietung des »Unheimlichen« und der bewusste Umgang mit der Sprache des Autors, die ja weniger Dialekt als eine synthetische Kunstsprache ist. »Wo dieser Grundton völlig fehlt, sind diese Sätze nicht mehr umsetzbar, da sie mit der Grammatik des Dialekts auch dessen Logik, die Denkweise seiner Menschen übernommen hat« (Mat. VI, S. 125). Blieb dieser bewusste Umgang mit der artifiziellen Sprache aus, fiel die Inszenierung durch, wie etwa jene in Göttingen 1970; blieb das Unheimliche weitgehend auf der Strecke wie 1970 in Berlin (ebd., S. 149), zeigte der Kritikerdaumen ebenfalls nach unten. Zugleich interessierte sich der andere Teil der Kritik vermehrt und intensiv für die gesellschaftspolitischen Aspekte des Stückes sowie die Aktualität der Thematik.

Prägte Palitzschs Produktion indirekt zahlreiche Aufführungen in den 1970er Jahren, so wirkte die gegenläufige, textgetreue, »poetisch« überhöhte Horváth-Inszenierung Luc Bondys (1948–2015) in Hamburg 1974, die auf verschiedene szenische Illustrationen zur Verdeutlichung der historischen Zusammenhänge verzichtete und »alles Schmerzliche, Beschmutzte« vermied,

Inszenierungen der 1960er und 1970er Jahre

Bondys Hamburger Inszenierung 1974

ebenso wenig stilbildend wie Christoph Nels Frankfurter Inszenierung (1977) des Stücks als Groteske. Für Aufsehen sorgte allerdings Bondys Regieerfindung im Zweiten Bild: »Fünf nackte, blasse Menschen (vier Mädchen und ein Mann) schreiten herein, gruppieren sich auf der linken Bühnenseite und begleiten die nun folgende Szene mit einer zeitlupenhaft verlangsamten, sehr kompliziert choreographierten Gymnastikübung« (*Theater heute* 1974, H. 11, S. 26).

Gleichfalls in den 1970er Jahren wurde die Totentanz-Thematik verstärkt in den Mittelpunkt von Inszenierungen gerückt, wie etwa 1977 in Tübingen durch die DDR-Regisseure Klaus Erforth und Alexander Stillmark.

Dritte TV-Inszenierung 1980

Im Fernsehen wurde *Glaube Liebe Hoffnung* in der kurzen, einstündigen Fassung aus dem Jahre 1969 wiederholt gezeigt, doch Wirkung zeitigte diese TV-Inszenierung ebenso wenig wie die 1980 zur besten Sendezeit ausgestrahlte eineinhalbstündige Studioproduktion von Michael Kehlmann. »Vom Blatt inszeniert«, bloße »Künstlichkeitsanstrengungen« waren noch die mildesten Urteile (*Süddeutsche Zeitung*, 11.1.1980). Adolf Fink kritisierte hingegen entschieden die »einfallslose Kameraführung« mit der sterilen Halbtotalen und hielt dem Regisseur vor, aus der knappen, geradlinigen Parabel »eine Mitleidsgeschichte des vergangenen Jahrhunderts« gemacht und »Armut als eine exotische (und vergangene) Provinz unserer Gesellschaft« ausgestellt zu haben (*Frankfurter Allgemeine Zeitung*, 11.1.1980).

Inszenierungen der 1980er Jahre

In den 1980er Jahren verlor die Frage, welche Fassung überhaupt gespielt werden soll, an Bedeutung, wohingegen die Frage nach der Wahl der Darstellungsmittel deutlich in den Vordergrund rückte. Hans Peter Cloos etwa inszenierte 1983 in Nürnberg Horváths Drama mit den Mitteln des Werbefilms:

»*Glaube Liebe Hoffnung* metallic-gelackt und cellophanverpackt. Elisabeth eine coole (also heiße) New-Wave-Frau [...], Maria, eine grelle Rockerbraut [...], der Präparator, ein Macho [...], der sich in Irene Prantls Sexshop (von wegen Korsettladen) kräftig und lustvoll auspeitschen läßt. Über sechs Fernsehgeräte [...] flimmern Bilder von Tierversuchen. Während auf der Bühne der Präparator seine – nein, nicht Tauben – Versuchskaninchen füttert, die in einem Glaskasten herumhoppeln« (*Theater heute* 1983, H. 4, S. 50f.).

Monitore wurden hier zum dominanten Bühnenrequisit, auf dem je nach Szene Videofilme von Polizeieinsätzen, Werbespots, TV-Serien etc. liefen. Da Cloos zu Horváths Text nur ein aus seinen Assoziationen gespeistes »Reizwortverhältnis« entwickelte, überging er die traurige Liebesgeschichte des Stücks und »erzählte statt dessen eine Beziehungskrise zwischen zwei Lesben, Elisabeth und der Frau Amtsgerichtsrat« (ebd., S. 51). Als eine Art Kontrast-Inszenierung hierzu konnte 1987 Manfred Karges Präsentation des Stückes am Wiener Akademietheater verstanden werden, wenn Elisabeth »am Anfang auf der schwarz ausgekleideten Bühne« den Monolog »Elisabeth« (Mat. VI, S. 40 f.) spricht, den der Autor später jedoch wegließ. Horváths »Totentanz« wurde in diesem Fall beim Wort genommen, weshalb hier die Auftritte von »Gespenstern, von Vampyren« dominieren und weniger »gedankenlose, eigensüchtige, gleichgültige Menschen« agieren. Indes bemängelte die Kritik Karges Misstrauen gegenüber Horváths Sprache:

> »In der hier angepeilten Bildwelt erkennt man unschwer Otto Dix, George Grosz, Murnau und Fritz Lang [Einflussreiche Maler und Kinoregisseure der 1920er Jahre]. [...] die Künstlichkeit der Figuren in Karges Inszenierung ist aber nur eindimensional, entspricht nicht der Mehrschichtigkeit in Horváths Spracherfindung« (*Theater heute* 1987, H. 8, S. 54).

In den 1990er Jahre war ein Sammelsurium bereits bekannter Spielweisen zu besichtigen: explizit historische Darstellungen ebenso wie verschiedene Aktualisierungsversuche, weshalb 1990 in Köln wegen des Missverständnisses vom »latenten Bürgerkrieg« (38,27) immer wieder Schüsse auf der Bühne zu hören waren, ansonsten aber ein »klassisch-tragisches Andachtstheater« geboten wurde. Mit kleinen Ergänzungen versuchten die Regisseure ihre Handschrift sichtbar zu machen, etwa 1995 in Tübingen, als Wolf Bunge alle nicht in der jeweiligen Szene agierenden Schauspieler zugleich zu neugierigen Gaffern auf der Bühne machte, »eine Skizze der Mediengesellschaft« bieten wollte und einzelne Passagen wiederholen ließ, oder Thomas Reichert durch die fragwürdige Einfügung von Else Lasker-Schülers (1869–1945) Gedicht »Weltende« in Hannover (1993); oder – ganz anders – Irmgard Lange, die, aus der Not eine Tu-

Inszenierungen der 1990er Jahre

gend machend, das Dresdner Interimstheater, ein Zirkuszelt, als wassergefüllte Manege und mit Planken versehen, phantasievoll bespielen ließ. Ihre Inszenierung von 1994 enthielt sich bewusst »jeden aktualisierenden Akzents« und griff kaum in den Text ein. 1999 präsentierte Christina Friedrich in Bonn das genaue Gegenteil: »einen Horváth für das Ende des Jahrtausends«. Der Kritiker von *Theater heute* nahm dies zum Anlass, die Geschichte der Horváth-Aufführungen kurz Revue passieren zu lassen:

> »In den 60er und 70er Jahren spielte man Horváth, weil er Gesellschaftliches an Individuen zeigte. Weil man bei Horváth begreifen konnte, warum die Menschen nichts begreifen. Heute spielt man Horváth, weil er Individuen zeigt, die keine sind. Individuen im Stadium der Auflösung. Menschen, deren Vorstellung, sie seien eigenverantwortliche, sich selbst und ihre Handlungen steuernde Subjekte, sich als falsch erweist. Damals verstand man Horváths Formel von ›Demaskierung des Bewußtseins‹, heute versteht man sie als Kritik des Bewußtseins überhaupt. Was Horváth dem Zeitgeist so genehm erscheinen läßt, ist seine immer implizierte Vernunftkritik« (*Theater heute* 1999, H. 5, S. 13).

Folgerichtig zielte diese Inszenierung auf die eindrückliche Präsentation von Bildern. Denn schließlich erweisen sich gerade Bilder als das Medium der Entindividualisierung und nicht mehr die Sprache: »Die ›Demaskierung des Bewußtseins‹ muß also den Prozeß der Verhaltenssteuerung durch vorgefertigte Bilder offenlegen. Die Bilder der Inszenierung sind dann natürlich nicht die des Autors, sondern die der Regisseurin, und vom Text bleibt nur noch ein Skelett« (ebd., S. 14). So sah man weniger Horváths Stück als Geschichte denn einzelne Bilder: Förderbänder als Verbindungen zwischen der Unter- und Oberwelt, verschiedenste sexuelle Hantierungen und Demonstrationen unter der Obhut der Puffmutter Irene Prantl, mit Spielzeugpistolen schießende Polizisten, kurzum »Bilder auf der Grenze zwischen Ekel und Komik«.

Inszenierungen seit 2000 In den jüngsten Inszenierungen wurden alle Spielarten modernen Regietheaters an *Glaube Liebe Hoffnung* durchexerziert, ob sie nun auf Erotik oder Irritation setzten – wie Albrecht Hirche 2001 in Basel mit dem Slogan »Rettet die Gewässer« über der

Bühne, der Darstellung Elisabeths durch die Bulgarin Jeannette Spassova, die zum Schluss einen Song der Rolling Stones ins Mikrophon hauchte – oder das Ende an den Anfang zogen und das Stück dadurch als Kreislauf spielten wie etwa Martin Kušej 2002 am Wiener Burgtheater und Karin Henkel 2003 in Bochum oder ob »gleich ein halbes Dutzend Figuren« gestrichen wurde wie von Tina Lanik 2004 in Stuttgart.

Überhaupt scheint sich die Frage, was von Horváths Textmaterial in einer Aufführung von *Glaube Liebe Hoffnung* benutzt werden darf und was nicht, über die in den 1970er Jahren noch erbitterte Auseinandersetzungen geführt wurden, erledigt zu haben. Anders sind die erheblichen Freiheiten im Umgang mit dem Werk nicht zu erklären. Als Beispiele seien Cornelia Crombholz' Grazer Inszenierung von 2005 genannt, in der Elisabeth am Ende sämtliche umstehenden Polizisten mit in den Tod nimmt; oder die Frankfurter Aufführung von 2003, in der der Originaltext auf die subjektivistische Perspektive der Hauptfigur eingeengt, das Stück also zum Monolog Elisabeths wurde; oder Robert Ciullis Text-Collage aus den vier Dramen *Italienische Nacht*, *Geschichten aus dem Wiener Wald*, *Kasimir und Karoline*, *Glaube Liebe Hoffnung*, die 2005 im Mülheimer Theater an der Ruhr Premiere feierte; oder Corinna von Rads' Inszenierung von 2006, die *Glaube Liebe Hoffnung* ausdrücklich als »Volksstück« und grellen Bilderbogen so auf die Bühne brachte, dass Elisabeth am Ende »nicht umkommt, sondern alles wieder von vorne beginnt. Das Leben, eine endlose Wiederholung, das persönliche Elend als unausweichliche Situation« (*Frankfurter Allgemeine Zeitung*, 13.5.2006). Gegenüber dieser eher »zeitlosen Darstellung« betonte Franziska-Theresa Schütz entschieden die Aktualität des Stückes und veränderte es 2006 in Würzburg dergestalt, dass sie sechs reale Arbeitslose von den genau 18810 in Würzburg und Umgebung registrierten in das Bühnengeschehen integrierte. Bis auf Elisabeth agierten wirkliche wie gespielte Arbeitslose als Nummern; nur noch mit Unterwäsche bekleidet waren sie alle ständig auf der Suche nach dem Paradies, das als Neonreklame »Paradise« über ihren Köpfen am Bühnenhintergrund hing.

Von zentraler Bedeutung für Inszenierungen im 21. Jahrhundert dürfte die Frage sein, ob Elisabeth tatsächlich sterben (vgl. 65,28), ob der Zuschauer das Ende schon kennen (vgl. Kušejs Wiener Inszenierung 2002) oder ob sie schließlich doch überleben soll, wie in der hochgelobten Münchner Inszenierung 2006 von Stephan Kimmig.

Ansätze der Kritiker Betrachtet man die Aufführungsgeschichte von *Glaube Liebe Hoffnung* der letzten Jahrzehnte, erkennt man, dass die Kritik sich v. a. mit zwei Aspekten des Stückes beschäftigte: zum einen der Sprache Horváths als Denktypus, zum anderen mit dem gesellschaftspolitischen Gehalt des Stücks und der Frage, inwieweit die dort formulierte Kritik an den sozialen Zuständen der 1930er Jahre auf die aktuellen Verhältnisse und gegenwärtigen Gesellschaftsprobleme übertragbar sei. Wie alle seine Bühnenstücke folgt auch die Bühnenpräsenz von *Glaube Liebe Hoffnung* rückblickend weitgehend jenem Zyklus seiner allgemeinen Wertschätzung, den Birgit Schulte 1980 im Titel ihrer Studie folgendermaßen auf den Punkt brachte: *Ödön von Horváth – verschwiegen – gefeiert – glattgelobt.* Zum Jahrtausendwechsel fasste Kurt Bartsch den heutigen Umgang mit dem Autor in die lakonische Formel: »Horváth, eine Normalisierung« (Bartsch 2000, S. 3).

Das Stück als Oper Horváths Stücke schreiben nicht allein Bühnengeschichte, sondern dienen auch als Material für neue Werke, wie etwa die Oper *Geschichten aus dem Wiener Wald* (1984/92) von Miro Belamarić (* 1935) oder das Musical *Knock Out Deutschland* (1994) von Armin Petras und Philipp Stölzl mit der Musik Rio Reisers (1950–1996), das auf *Kasimir und Karoline* basiert. *Glaube Liebe Hoffnung* diente ebenfalls als Textgrundlage für eine Oper mit dem gleichnamigen Titel von Gerhard Schedl (1957–2000), die 1993 in Salzburg ihre Premiere feierte und 1996 im österreichischen Fernsehen zu sehen war. Die Kritik wandte zwar ein, dass es keine Musik sei, »die ein Orchester als absolute Novität aus der Taufe zwingen muß. Eher handelt es sich um Recherchen des Vorhandenen in geschmeidigen Brechungen mit dem Heutigen« (*Frankfurter Rundschau*, 4. 12. 1993), konnte aber durchaus festhalten:

»Die Muster und Versatzstücke der Großväter schimmern durch. Alban Bergs so verloren klingendes Sozialpathos, Gustav Mahlers verzerrte Marschmusiken, die schön blasenden Trompeten – alles drin. Dazu eine Oboenmelodie, die leitmotivisch immer wiederkehrt, die große Streicherelegie vor und in der so lächerlich und doch so tieftraurig ausgehenden Liebeszene, die grellen, zaghaft frechen Großstadt-Tanzrhythmen beim Bild im Ladengeschäft der wie von Otto Dix skizzierten Miederwaren-Händlerin. Der Komponist Gerhard Schedl beherrscht sein Handwerk, es fehlt nur an eigenständigem, zupackendem Profil« (*Süddeutsche Zeitung*, 2.12.1993).

Nicht zuletzt wurde auch der Autor selbst bereits zur Bühnenfigur, beispielsweise in Christopher Hamptons (* 1946) Drama *Geschichten aus Hollywood* (1982), das zehn Jahre später auch als Film zu sehen war, mit Jeremy Irons (* 1948) in der Rolle Ödön von Horváths. Zuvor hatte diesen Friedrich von Thun (* 1942) gespielt, als Georg Madeja 1986 das Fernsehspiel *Ein Leben ohne Geländer. Ödön von Horváth* nach einem Buch Traugott Krischkes inszenierte, das Horváths Biographie als eine Art dokumentarisches Bühnenstück präsentiert, d. h., reale Personen sprechen in inszenierten Filmszenen meist authentische Horváth-Texte oder Erinnerungen seiner Freunde.

Aber nicht nur Ödön von Horváth könnte zukünftig mit dem Titel *Glaube Liebe Hoffnung* in Verbindung gebracht werden, sondern auch Arthur Markus Horváth (* 1974), denn der Musiker präsentierte 2005 eine CD mit zwölf Songs unter dem Titel *Glaube, Liebe, Hoffnung … ein Paradies voller Äpfel??*

Horváth als Bühnen- und Filmfigur

Deutungsansätze

»Rand-
bemerkung«

Es verwundert kaum, dass sich die Interpretationen des Dramas weitgehend an den Vorgaben Horváths, also der dem Stück vorangestellten »Randbemerkung«, orientieren. Danach wolle er sich hier um die »kleinen Verbrechen« kümmern, denen man »tausendfach und tausendmal begegnen« würde »und deren Tatbestände ungemein häufig nur auf Unwissenheit basieren und deren Folgen aber trotzdem fast ebenso häufig denen des lebenslänglichen Zuchthauses mit Verlust der bürgerlichen Ehrenrechte, ja selbst der Todesstrafe ähneln« (9,12–16). Ganz ähnlich formuliert es Ko-Autor Lukas Kristl: Der Sinn des Stücks liege darin, »gerade die Kleinigkeiten darzustellen, in denen jeder Einzelne steckt und die wiederum die Menschen zueinander bringen« (Mat. VI, S. 52). *Glaube Liebe Hoffnung* wäre aber wohl kein klassisches Horváth-Stück geworden, hätte der Autor nur den von Kristl beschriebenen Fall dramatisiert, d. h. den dabei beteiligten Personen eine Stimme verliehen und den Ort ihrer Rede vom Gerichtssaal auf die Bühne verlegt. Dem Dramatiker ging es um viel mehr. Für ihn waren solche juristischen Fälle zunächst das konkrete Material, um Allgemeines zu zeigen, genauer: »den gigantischen Kampf zwischen Individuum und Gesellschaft« (10,2–4), und diesen als »ewiges Schlachten« und ohne »Frieden«, weshalb Elisabeth diesen Kampf auch keineswegs überlebt. Aber für Horváth steht weniger das Ende einer Biographie im Mittelpunkt als vielmehr die Entwicklung und v. a. die speziellen Bedingungen für die verschiedenen Lebensläufe. Entscheidend für ihn sind die »bestialischen Triebe«, auf denen der »aussichtslose Kampf des Individuums« basiert. Daher interessiert er sich insbesondere für die Art und Weise der Darstellung dieses Kampfes, wobei »die heroische und feige Art des Kampfes nur als Formproblem der Bestialität« gilt, »die bekanntlich weder gut ist noch böse« (10,13). Dieses Anliegen korrespondiert mit Horváths Prinzip, wonach all seine Stücke »nichts beschönigt und nichts verhäßlicht« haben (10,15–16).

»Spiegel-
bilder« vs.
»Juxspiegel-
bilder«

Insofern zielt die Präsentation von Figuren auf eine ebenso deutliche wie verständliche Form. Die Zuschauer sollen »Spiegelbilder« vorfinden und keineswegs »Juxspiegelbilder« (10,24–26).

Im Spannungsfeld dieser beiden Präsentationsformen bewegten sich nicht allein Horváths Absichten, sondern auch jene der Regisseure. Allerdings entschieden sich allzu viele für letztere Darstellungsweise und erzielten damit lediglich einen parodistischen Effekt. Die Spiegelfunktion, welche nicht nur ein besseres Verständnis der dargestellten Personen ermöglichen, sondern den Zuschauern auch zu mehr Erkenntnis der eigenen Denk-, Gefühls- und Handlungsweisen verhelfen sollte, wurde so außer Kraft gesetzt. Solche Aufführungen verhinderten geradezu jene Ziele, die Horváth als Folge der Selbsterkenntnis für den direkt angesprochenen Zuschauer so beschrieb:

> »Auf daß du dir jene Heiterkeit erwirbst, die dir deinen Lebens- und Todeskampf erleichtert, indem dich nämlich die liebe Ehrlichkeit gewiß nicht über dich (denn das wäre Einbildung), doch neben und unter dich stellt, so daß du dich immerhin nicht von droben, aber von vorne, hinten, seitwärts und von drunten betrachten kannst! – –« (10,34–11,5)

Es scheint, als ob mit den Selbstaussagen des Autors schon das Wichtigste über das Volksstück gesagt sei, denn im Gegensatz zu *Geschichten aus dem Wiener Wald* und *Kasimir und Karoline* hielt sich das literaturwissenschaftliche Interesse an diesem Drama in Grenzen, und dies obwohl auch ihm ein eigener Materialienband (Mat. VI) gewidmet wurde. Möglicherweise hängt das Desinteresse der Interpreten auch damit zusammen, dass dieses letzte der »Fräuleinstücke« erst mit Verzögerung uraufgeführt wurde und relativ spät in Buchform vorlag. Naheliegender scheint jedoch der Hinweis, dass es viele Ein- und Ansichten Horváths aufweist, die er bereits in seinen drei früheren Bühnenwerken zur Sprache gebracht hatte und somit weitere Interpretationen, die am Beispiel von *Glaube Liebe Hoffnung* einmal mehr seine Methoden der Entlarvung des kleinbürgerlichen Bewusstseins etc. gezeigt hätten, bloße Wiederholungen gewesen wären.

Zugleich weist das letzte Volksstück neben seinem offensichtlichen Zeitbezug in Form der »Randbemerkung« und der direkten Verarbeitung eines juristischen Falls zweifellos auch Spuren des »Allgemein-Menschlichen« auf, was nicht zuletzt der Titel mit den drei Abstrakta sowie der Untertitel mit dem Hinweis auf einen »Totentanz« deutlich machen sollte. Insofern passte dieses Drama, im Gegensatz zu den anschließenden Stücken *Eine Unbekannte aus der Seine*, *Hin und Her*, *Himmelwärts*, nicht in

U. Jenny jenes Schema, das Urs Jenny 1972 folgendermaßen pointierte: »Das Überzeitliche, verschwommen Metaphysische ist hingewelkt, das Zeitbezogene aktuell geblieben.« Begründet wurde diese Gegenüberstellung von Horváths Werken mit der Feststellung:

> »Was Horváths Größe ausmacht, ist in dem unheimlich kurzen Zeitraum von knapp drei Jahren (1930 bis 1932) entstanden: der Roman *Der ewige Spießer* und die vier Stücke *Italienische Nacht*, *Geschichten aus dem Wiener Wald*, *Kasimir und Karoline* und *Glaube Liebe Hoffnung*, die als realistische Zeitbilder im deutschen Theater dieses Jahrhunderts durchaus einzigartig dastehen. Davor: ein sehr gerader Anlauf zu diesen Meisterwerken, vage Entwürfe voller präziser Details, Fragmente, charakteristische Vorformen; danach: eine seltsame Wandlung, weniger Entwicklung als Regression zu nennen, eine Auflösung in hektisch sprunghafter Arbeit, deren innere Orientierungslosigkeit kaum ganz aus den äußeren Zwängen der Emigrantensituation zu erklären ist« (Urs Jenny, in: Mat. III, S. 72).

Diese Zweiteilung wurde ebenso lange tradiert wie die gleichfalls problematische Aufspaltung Horváths nach Gattungen, bei der der Dramatiker auf Wohlwollen, der Prosaautor hingegen eher auf Ablehnung stieß (vgl. exemplarisch Hellmuth Karasek, in: Mat. III, S. 79 ff.).

Wenig verwunderlich erscheint es daher, wenn sich 1973 die erste umfangreiche Untersuchung zum Gesamtwerk Horváths mit dieser Dualität auseinandersetzt und dabei v. a. *Ödön von Horváth als Kritiker seiner Zeit* vorstellt. Unermüdlich weist

A. Fritz Axel Fritz darin nach, wie sehr Horváths Werke von den jeweiligen gesellschaftlichen Verhältnissen, den sozialen, ökonomischen oder kulturellen Bedingungen (z. B. Arbeitslosigkeit, Militarismus, Geschlechterbeziehungen) bestimmt und diese kritisch hinterfragt werden. Fritz' Interpretation von *Glaube Liebe*

Hoffnung orientiert sich dabei am Schlüsselsatz der »Randbemerkung«, wonach ein »gigantischer Kampf zwischen Individuum und Gesellschaft« herrsche (1973, S. 152 ff.). Zwar greift
Fritz vielfach auf nur in Entwürfen enthaltene Passagen zurück,
wodurch manche seiner Aussagen relativiert werden müssen,
dennoch bleibt sein allgemeines Urteil über das Stück noch immer gültig; dieses zeige nämlich,

> »wie die moralischen Vorurteile einer bürgerlich-mittelstän-
> disch ausgerichteten Gesellschaft den einmal Vorbestraften –
> und seien Delikt und Strafe noch so geringfügig – nicht mehr
> als vollwertiges Mitglied ihrer Gesellschaft akzeptieren, son-
> dern ihn durch ihr Verhalten geradezu zwingen, sich durch
> neue Verstöße über Wasser zu halten« (ebd., S. 154).

Im Einzelnen beschreibt er Elisabeths Beziehung zu den staatli-
chen Organen, die verschiedenen Rechts- und Moralauffassun-
gen bei Individuum und Gesellschaft, das Denken und Verhalten
Alfons Klostermeyers als Repräsentant eines »moralischen
Kleinbürgertums« und zuletzt den hierarchischen Aufbau des
Mittelstandes als »groteskes Ballett der Rangordnung«. Zustim-
men mag man seiner Darstellung, welch fatale Konsequenzen
diese Rangvorstellungen für das Auftreten des Präparators haben, einschließlich der für ihn so wichtigen gesellschaftlichen
Position von Elisabeths Vater – Staatsbeamter oder nicht, Zollinspektor oder nur Versicherungsinspektor –, seine Schlussfolgerung daraus bleibt indes fragwürdig:

> »Horváth hat in dieser Gestalt den für die folgende Zeit so
> bedeutungsvollen Typ des Mörders gezeichnet, der nicht sel-
> ber Hand an sein Opfer legt und dessen äußerer Harmlosig-
> keit und Gemüthaftigkeit man derlei Taten auch nicht zu-
> traut. Die Überlebenschancen dieses Typs liegen nicht zuletzt
> in der Alibifunktion des eigenen Gewissens verankert« (ebd.,
> S. 161).

Während sich bei anderen Stücken die Interpreten danach an-
schickten, entweder die Ergebnisse der Studie von Fritz auf
Grund neuen Materials zu präzisieren oder ihr gar entschieden
zu widersprechen, blieb der »kleine Totentanz« weitgehend un-
beachtet. Anscheinend bot sich *Glaube Liebe Hoffnung* weder
als Beispiel einer »Reagenzdramatik« an, wie sie Volker Klotz

(1976) an drei anderen Horváth-Stücken aufzeigt, noch als charakteristisches Exemplar für *Modernes Deutsches Drama*, wofür Franz Norbert Mennemeier andere Dramen des Autors wählte und dabei auch die »Grenzen der Dramatik Ödön von Horváths« (1975, S. 36) betont; und auch in Krishna Winstons »Close Readings of Six Plays«, so der Untertitel ihrer Untersuchung *Horváth Studies* (1977), fehlt das Stück.

W.Nolting Ebenfalls in den 1970er Jahren erschien Winfried Noltings grundlegende Analyse zu Horváths literarischer Produktion, die *Glaube Liebe Hoffnung* jedoch nur am Rande erwähnt. In seiner Studie *Der Totale Jargon. Die dramatischen Beispiele Ödön von Horváths* (1976) zeichnet er detailliert die sprachlichen Mittel des Autors nach; dank eines Stellenregisters lassen sich die erhellenden Kommentare zu einzelnen Passagen in Horváths Œuvre rasch auffinden.

In den 1980er Jahren standen dann weniger Untersuchungen zu einzelnen Werken Horváths im Vordergrund als vielmehr Arbeiten, die sich mit zentralen Themen seines Schaffens beschäf-

M.Hell tigen, etwa Martin Hells aufschlussreiche Darlegung des Motivs *Kitsch als Element der Dramaturgie Ödön von Horváths* (1983)

P. Oellers und Piero Oellers' penibler Bericht über *Das Welt- und Menschenbild im Werk Ödön von Horváths* (1987). Beide sind der Tradition eines positivistischen Ansatzes verpflichtet, weshalb mit Vorliebe Figuren und Themen kategorisiert werden, um die Texte mit Hilfe dieser Kategorien danach inhaltlich akribisch zu beschreiben. Fragen nach der genuinen Gestaltung des Dramas oder Romans durch Horváths verschiedene Stilmittel bleiben eher sekundär; gleichwohl zeigen ihre Analysen akkurat, auf welche Motive Horváth immer wieder zurückgriff.

Diesen eher inhaltlich orientierten Arbeiten folgten in den 1990er Jahren Studien, die sich mit der Frage beschäftigten, welche spezifischen poetischen Mittel Horváth auf der Bühne ein-

J.-Y. Kim setzt. Jeong-Yong Kim untersuchte etwa *Das Groteske in den Stücken Ödön von Horváths* (1995) und sieht in der ersten Szene »das groteske Phänomen, indem Elisabeth zu ihren Lebzeiten ihren Körper im voraus an das Anatomische Institut zu verkau-

I.Haags
Fassaden-
Dramaturgie fen versucht« (1995, S. 122). Ingrid Haag schließlich prägte mit ihrer Darstellung über Horváths *Fassaden-Dramaturgie* (1995)

einen Begriff, mit dem Gemeinsamkeiten in seiner dramaturgischen Schreibweise präzise und bildhaft zugleich bestimmt werden können. Mit dieser »Beschreibung einer theatralischen Form« – so der Untertitel des Bandes – legte die Autorin zugleich die erste und bislang ausführlichste Interpretation von *Glaube Liebe Hoffnung* vor. Gemäß ihrem einmal entdeckten dramatischen Strukturprinzip, wonach es Horváth v. a. um »das Spiel von Zeigen und Verbergen« gehe, zeigt ihre »Lektüre, die sich der Buchstäblichkeit der verbalen, gestischen und szenischen Sprache annimmt«, genauestens auf, »was der Text verschweigt hinter dem, was er sagt; warum er es durch *diese* Rede sagt und nicht durch eine andere« (1995, S. 7). Für *Glaube Liebe Hoffnung* bedeutet dies etwa, den zentralen Ort des Anatomischen Instituts in seiner Fassadenarchitektur zu erkennen, denn: »In dem für diesen Ort geläufigen Namen ›Leichen*schau*haus‹ findet das Spiel von Zeigen (Ausstellen) und Verbergen einen besonderen sprechenden Ausdruck« (ebd., S. 78). Auch das »Wohlfahrtsamt« in der Mitte des Stückes gilt ihr als Beleg ihrer These, denn diese Institution zeichnet sich nicht etwa dadurch aus, dass sie für die Wohlfahrt sorgt, sondern durch die »Abwesenheit jeglicher Hilfeleistung, was sich in die administrative Formel der ›Nichtzuständigkeit‹ kleidet, einzige ›Botschaft‹, die aus seinem Innern dringt« (ebd., S. 84). Konsequenterweise erkennt sie im Ort des Polizeireviers und in der ganzen Szenerie des Fünften Bildes weitere Legitimationen für ihren Ansatz.

»Die Tatsache, daß sich für Elisabeth, die ewig abgewiesene Bittstellerin, zum ersten und letzten Mal die Tür einer Verwaltungsinstanz öffnet, schreibt sich ein in eine Serie zynischer Umkehrungen: Die Lebende, die an der ›Nichtzuständigkeit‹ der Ämter verzweifelte, wird als Sterbende ›aufgenommen‹« (ebd., S. 87).

Aber nicht allein in Räumlichkeiten und Handlungsweisen sieht die Interpretin Horváths Fassaden-Dramaturgie am Werke, sondern auch die Sprache kann diese präsentieren. Wenn etwa Elisabeth mit lächelndem Gesicht über den Dienstmantel des Polizisten meint, dieser sei »halt immer im Dienst«, so ist dieser nach Ansicht Haags »aber keineswegs da, um einen Dienst zu leisten, Hilfe oder Schutz zu gewähren. Worauf es ankommt, ist der äußere Schein, die tadellose Repräsentation« (ebd., S. 86). Letztlich besticht diese Analyse v. a. durch ihre minuziöse Textlektüre, der nichts als »selbstverständlich« gilt, die beständig danach fragt, weshalb gerade diese Figurenkonstellation an jenem Ort so und nicht anders agiert und was dies alles bedeuten mag und dabei Horváths Konstruktionen aufdeckt, etwa dass

> »die Gerichtsinstanz selbst, die Elisabeths ›Todesurteil‹ ausspricht, nicht gezeigt wird. Die Unsichtbarkeit der Instanz bedeutet deren Allgegenwart. Jede Station auf Elisabeths Weg wird zum Tribunal, wo hinter der Fassade privat-intimer, freundschaftlich-väterlicher Rede Elisabeths Verurteilung vorbereitet, ausgesprochen, wiederholt und bestätigt wird« (ebd., S. 91).

Da Haags Interesse am Stück weniger den glatten Übergängen als den markanten Gegensätzen gilt, nimmt sie in ihrer Untersuchung v. a. die kontrastiven Elemente in den Blick und kommt dabei zu erhellenden Einsichten; über Horváths Gestaltungsprinzip des Vierten Bildes und der Bedeutung des »möblierten Zimmers« heißt es z. B. bei ihr: Als »Privatraum und Zufluchtsort angelegt« wird dieses

> »zum einzigen Schauplatz, wo die Vertreter der Ordnung bei der Ausübung ihrer Macht gezeigt werden. Mit dem Auftauchen der Sittenpolizei setzt Horváth die Darstellung des zynischen Machtapparats fort. Um die Menschen, die tatsächlich kein Unterkommen haben, kümmern sich die Hüter der Ordnung nicht, wie zum Beispiel um die Wartenden vor dem Wohlfahrtsamt. Um Elisabeth kümmern sie sich in dem Moment, wo sie gerade glaubt, eine gefunden zu haben. Die Rede des Oberinspektors gibt, in Form administrativer Regeln, unmißverständlich zu verstehen, daß es nicht auf das Wohlergehen der Verwalteten ankommt, sondern einzig und allein auf die intakte Fassade der Verwaltung« (ebd., S. 98).

Da Haag insgesamt vier Stücke Horváths auf so subtile Weise unter die Lupe nimmt, liegen zahlreiche Querverweise ebenso nahe wie allgemeine Aussagen über seine Dramenfiguren. So zieht sie etwa Parallelen in den sadistischen Beziehungen zwischen Mann und Frau in *Geschichten aus dem Wiener Wald* sowie *Glaube Liebe Hoffnung*, was zur Schlussfolgerung führt:

»der Geliebte in der Rolle des Todes – der Tod, der sich als Geliebter verkleidet: Protagonist aller ›Fräuleintragödien‹« (ebd., S. 101).

Sieht man von Klaus Kastbergers knappen Ausführungen (1998) ab, die sich primär mit dem Entstehungsprozess von *Glaube Liebe Hoffnung* beschäftigen, liegt mit Jürgen Schröders J. Schröder Analyse (2003) die zweite ausführliche Deutung des Stückes vor. Ähnlich wie bereits Axel Fritz, den Schröder wegen seiner Deutung der »Randbemerkung« scharf kritisiert, greift diese Interpretation ebenfalls häufig auf verworfene Passagen zurück. Allerdings stellen sich dabei kaum neue Erkenntnisse ein, denn zum einen fehlt jegliche Auseinandersetzung mit der neueren Horváth-Forschung – Schröders Bezugsrahmen bleibt letztlich der *Materialienband* zum Stück (1973) sowie marginale Hinweise Herbert Gampers aus den 1970er Jahren –, zum anderen sieht er in Horváths »Randbemerkung« und anderen Notaten des Autors fast den alleinigen Schlüssel zum Verständnis des Werks. Schröder scheint nicht zur Kenntnis nehmen zu wollen, dass Horváth seine guten Gründe hatte, bestimmte Szenen zu streichen. Insofern trägt der beständige Vergleich der »ersten« (2003, S. 287) und der »zweiten Fassung« (ebd., S. 288) – von denen er spricht, als ob es diese in ihrer Gesamtheit überhaupt gebe, wobei es sich doch allein um verschiedene Entwürfe, ausgeschiedene Szenenentwürfe und einen Epilog handelt – zwar *viel* zum Verständnis der Arbeitsweise Horváths als eines Collageurs bei, der seine Szenen mehrmals überarbeitet, neu gliedert, in veränderten Kontexten aufgreift und montiert, aber sehr *wenig* zum Verständnis des fertigen Stückes und seinen Bühnenqualitäten. Gleichwohl ist Schröders abschließender, wenn auch nicht überraschender Feststellung zuzustimmen:

> »Am Grunde aller Erkennungen in diesem Stück steht der Tod, die Inkarnation der bestehenden Gesellschafts- und Wirtschaftsordnung. Elisabeth, die einen individualistischen und ›bestialischen‹ Kampf gegen ihn aufnimmt, blickt er von allen Seiten an. Gerade ihre scheinbaren Helfer und Lebensretter, der Präparator, der Schupo und zuletzt der ›tollkühne Lebensretter‹, enthüllen sich als ihre eigentlichen Peiniger und Mörder. Sie hat nur [sic!] die Wahl, zum Helfershelfer des

Todes (Polizeispitzel) wie in der ersten Fassung, oder sein Opfer, wie in der zweiten Fassung, zu werden. Mit dem Komplex des ›Bestialischen‹ ist auch der Demaskierungsvorgang ganz in den Bereich des Todes gerückt und damit sozialpolitisch entschärft. Darum wird in *Glaube Liebe Hoffnung* ganz sichtbar, was auch für die anderen Volksstücke gilt: Der Spielraum ist ganz realistisch und ganz unwirklich, weil todverfallen, zugleich« (ebd., S. 294).

Totentanzforschung

Als wenig ertragreich erweist sich auch die Totentanzforschung: Johann Bauers Studie (1993) ist z. B. lediglich zu entnehmen, dass viele moderne Autoren auf die Gattung des Totentanzes zurückgegriffen haben, ohne den entsprechenden metaphysischen Hintergrund des Mittelalters besessen zu haben, sodass mannigfaltige Totentanzadaptionen entstanden sind. Ebenfalls wenig Neues zum Verständnis des »kleinen Totentanzes« findet sich in Peter Baumanns »Analyse der Religionsthematik« im Werk Horváths (2003), denn sie beschränkt sich weitgehend auf eine einfache Charakteristik der Personen mit Hilfe einer Nacherzählung des Geschehens.

Anlässlich des 100. Geburtstags des Autors am 9. 12. 2001 sind vier neuere Arbeiten erschienen: der von Klaus Kastberger herausgegebene Sammelband *Ödön von Horváth. Unendliche Dummheit – dumme Unendlichkeit*; der Ausstellungskatalog *Horváth – Einem Schriftsteller auf der Spur*, den das Ehepaar Lunzer und Elisabeth Tworek zusammenstellten; die beiden Tagungsbände *Geboren in Fiume. Ödön von Horváth 1901– 1938*, herausgegeben von Ute Karlaveris-Bremer zusammen mit Karl Müller und Ulrich N. Schulenburg, und *Leben ohne Geländer*, bearbeitet von Gabi Rudnicki-Dotzer und Matthias Kratz. Gemeinsam ist all diesen Publikationen, dass *Glaube Liebe Hoffnung* nur am Rande, die »Randbemerkung« jedoch desto häufiger erwähnt wird, sieht man von Jürgen Schröders »Spurenlese« ab, die er in Werken von »Ödön von Horváth und Botho Strauß« unternimmt (Kastberger (Hg.) 2001, S. 179 ff.). Ein Schattendasein führt das Stück schließlich auch im neuesten Sammelband *Vampir und Engel*, den Klaus Kastberger und Nicole Streitler 2006 zur »Genese und Funktion der Fräulein-Figur im Werk Ödön von Horváths« herausgegeben haben.

Ausblick: Warum bei Horváth das einzelne Wort zählt

Der Autor mag nicht immer der beste Interpret seiner Werke sein, doch können manche seiner Einsichten als informative Wegweiser gelten. In diesem Sinne soll die Maxime Horváths, wonach das Publikum »sich leider entwöhnt [habe], auf das Wort im Drama zu achten« (Bd. 11, S. 215), für eine Betrachtung von *Glaube Liebe Hoffnung* fruchtbar gemacht werden. Bereits mit der Reihenfolge im Titel – bei der er die Hoffnung ans Ende gerückt hat, was neben der gewohnten Anordnung im Alphabet auch der christlichen Reihenfolge bei Paulus widerspricht – markiert er sein Anliegen: Durch die einfache Umstellung nur eines Wortes muss der Schwerpunkt in seinem Totentanz in der »Hoffnung« gesehen werden, die Elisabeth anfänglich noch hat und sich daher auch Hoffnungen auf eine Veränderung ihrer Lebenslage macht. Im Laufe des Stückes schwindet diese allerdings immer mehr, sodass sie schließlich die Hoffnung auf eine Besserung ganz aufgibt und im Zustand vollkommener Hoffnungslosigkeit Selbstmord begeht – der aber zunächst misslingt. Insofern macht Horváth mit seinem Schluss deutlich, dass ihr kurzes Erwachen in den sechs Szenen des Fünften Bildes (Nummer 11–16) für sie kein Glücksgefühl angesichts ihrer Rettung bedeutet. Ganz im Gegenteil, denn bereits der Anblick einer Uniform weckt in ihr die Erinnerung daran, weshalb sie ihr Leben beenden wollte: die Aussichtslosigkeit ihrer wirtschaftlichen und psychischen Lage. Konsequent sieht sie sich wiederum als Angeklagte und fragt direkt: »Was hab ich denn schon wieder verbrochen?« (60,20) Das simple »schon« drückt aus, dass sie an keine Veränderung mehr glaubt und die Ereignisse sich für sie nur mehr wiederholen werden. Verstärkt wird diese Enttäuschung über den gescheiterten Selbstmordversuch, wenn sie kurz zurückblickt und einmal mehr ihre Lage zu umschreiben versucht. Dabei fällt sie aus der Ich-Perspektive und der Rolle als Subjekt, indem sie plötzlich mit sich selbst spricht, sich als Person mit dich/du anspricht und sich damit zum Objekt macht. »Jetzt war ich schon fort und jetzt gehts wieder los und niemand ist zuständig für dich und du hast so gar keinen Sinn –« (60,33–

Reihenfolge im Titel

35). Einmal mehr zeigt dieser Wechsel vom Ich zum Du, wie auch die Wiederholung des »wieder«, wie sehr es die einzelnen Worte sind, mit denen Horváth seine Aussagen präzisiert. Elisabeth hat ihre Rolle als selbst bestimmendes Subjekt aufgegeben, sodass sie fortan nur als Objekt behandelt werden soll, und dieses hat eben weder einen »Sinn im Leben« noch eine Hoffnung, nicht »für sich selbst« und auch nicht »für einen anderen«. Zwar könnte Elisabeth nun bereits sterben, doch damit wäre dem Theaterpublikum noch nicht ganz so klar geworden, wie sie ihr Verhältnis zu Alfons Klostermeyer sieht, welche Rolle er bei ihrer Selbsttötung spielte oder welche Motive sein Verhalten letztlich bestimmen: Es ist der starre Blick auf die »Karrier« (62,21) – denn danach erkundigt sich Elisabeth sofort und knüpft damit an das zentrale Thema an, das die Unterhaltung zwischen dem Oberinspektor, Alfons und ihr charakterisiert, nachdem der Schutzpolizist Alfons Klostermeyer in Unterhosen in Elisabeths Kleiderschrank entdeckt wurde (Viertes Bild, Szene Nummer 10). Es ist wohl einer der weiteren sprachlichen Funken, die Horváth aus bestimmten Wörtern schlägt, wenn er etwa den Beruf Elisabeths und ihres realen Vorbildes, der »Korsettreisenden«, im Stück aufgreift. So kann er allgemein das »Korsett der Sprache«, in dem sich seine Figuren bewegen, auf die Bühne bringen und konkret dem Schupo Alfons Klostermeyer die neue Redewendung in den Mund legen: »Tu deinen Gefühlen nur kein Korsett an« (46,2–3).

Es sind Elisabeths Handlungen und ihre Lebensperspektive, die sich für das Verständnis des Dramas als entscheidend erweisen.

Klassisches
Stationen-
drama

Deshalb durchläuft sie auch im Sinne eines klassischen Stationendramas die einzelnen Stationen, sei es bezüglich ihrer Lebenseinstellung, vom vorsichtigen Optimismus bis hin zum verzweifelten Entschluss zum Selbstmord, oder sei es hinsichtlich der Orte, vom Anatomischen Institut über das Kontor der Frau Prantl hin zum Wohlfahrtsamt sowie von ihrer Wohnung über das Polizeirevier zurück zur Anatomie. Zwar wird dieser letzte Schritt nicht direkt auf der Bühne gezeigt, gleichwohl erscheint er als die logische Konsequenz des Bühnengeschehens. Denn Leichen von Selbstmördern finden ihre letzte Ruhestätte meist in der Anatomie, worauf der Vizepräparator auch hinweist (66,4–

5). Mit dieser Art von Reigen dürfte auch verständlich werden, weshalb Horváth vom »kleinen Totentanz« in Abgrenzung zum traditionellen, »großen Totentanz« spricht, denn zum einen wird der Tod als zentrales Thema im Stück vorgeführt, zum anderen erweist sich sein Verlauf als eine Art Kreisbewegung in Form eines Tanzes.

So zwingend Horváth den Tod Elisabeths inszeniert und damit die Rückkehr zur Anatomie, so konsequent ist deren Wahl als Schauplatz. Wenn Horváth nicht wie in anderen Stücken den Verkauf des lebendigen, weiblichen Körpers, genauer gesagt: die temporäre Benutzung einzelner Körperteile, thematisieren will – ausgenommen der Versprecher Elisabeths bei der ersten Begegnung mit dem Präparator: »Man hat mich nämlich extra darauf aufmerksam gemacht, daß man hier seinen Körper verkaufen kann« (14,23–25) –, sondern dessen Gebrauch nach dem Tod, also den Verkauf des toten Körpers in den Mittelpunkt rückt, bedarf es der Anatomie als Szenerie. Die Prostitution erhält ihr logisches Pendant, indem das Geschäft mit dem *lebendigen* Körper durch jenes mit dem *toten* Körper ergänzt wird, wobei Elisabeth Letzteres eingehen möchte, Ersteres aber entschieden ablehnt (34,17–23). Erst vor diesem gedanklichen Hintergrund, den Handel statt mit wirklichen mit verstorbenen Körpern vorzuführen, wird verständlich, weshalb Horváth von diesem Bühnenort aus die gesamte Dramenhandlung entwickeln kann und zugleich Beziehungen zwischen den »Wachsfiguren« im Kontor der Frau Prantl mit den Toten im »Anatomischen Institut« andeutet, indem an beiden Orten »die Köpfe in Reih und Glied« stehen. Nicht zuletzt lassen sich aus dem Ambiente der Anatomie die makabren Wortspiele mit den »lebendigen Toten« (16,17) entwickeln oder Situationen, in denen Lebende ihre eigenen Leichen verkaufen. Später wird auch mit Vorliebe von »lieben Toten« (37,12; 38,9) gesprochen und nicht von »toten Geliebten«. In solchen Konstruktionen erweisen sich die Pointen Horváths, denn auch das Missverständnis des Präparators liegt scheinbar nur in einem Wort; zwischen einem Zollinspektor und einem Versicherungsinspektor liegen jedoch Welten, eben jene Differenz, die einen Beamten gegenüber einem einfachen Angestellten auszeichnet. Was Elisabeth zum Lachen bringt, nämlich die Berufsbezeichnung »Versicherungsinspektor«, ist der Arbeiterfrau »wurscht« (32,4), dem Oberpräparator jedoch der Anlass, Elisabeth als »Betrügerin« (24,24) zu beschimpfen und sie deshalb anzuzeigen. Unterschiedliche und teilweise widersprüchliche Verhaltensweisen kennzeichnen auch die Figur des Präparators im Stück, denn angetrunken erweist er sich als »anderer Mensch« als zuvor, gesteht seinen Irrtum ein und fordert sogar die gerechte Strafe für sein Verhalten (59,7–9). Im nüchterneren Zustand wird ihm jedoch schnell klar, wie sein beruflicher *Auf*stieg dem gesellschaftlichen *Ab*stieg Elisabeths gegenübersteht (61,23–30). Insofern zeigt er kein größeres Interesse an der Aufdeckung von Elisabeths *Fall*, und dies im doppelten Sinne des Wortes.

Wie sehr Horváth das einzelne Wort wichtig war, belegen auch die ersten Sätze Alfons Klostermeyers eindrücklich. Gegenüber Elisabeth beharrt er auf der amtlich genauen Bezeichnung jener Behörde, die Elisabeth noch umgangssprachlich »Anatomie« nennt. Aber eine nähere Beschreibung des korrekt bezeichneten »Anatomischen Instituts« ist ihm unmöglich, denn die Angabe »Das dort ist das hier« (13,18) dürfte kaum Anspruch auf Sinn erheben – es sei denn, es ist arrogant-ironisch gemeint. So sind es immer wieder einzelne Wörter, die das Theaterpublikum stutzen lässt. Diese Irritation legt meist die notwendige Korrektur nahe bzw. die allfällige Ergänzung wie in Elisabeths Reaktion auf die Ablehnung des Leichenkaufs: »Man möchte doch nicht immer so weiter« (15,10); wenn der Oberpräparator darauf hinweist, dass die Leute »halt den amtlichen Verlautbarungen nichts (16,18–19) glauben«, so dürfte damit wohl keineswegs der Gedanke gemeint sein, Gesetze sollten weniger geglaubt als vielmehr befolgt werden. In ähnlicher Weise müsste wohl auch der Ausdruck des Inspektors, Elisabeth solle sich nur ruhig auslachen (52,11), korrigiert werden. »Weinen sie sich ruhig aus!« dürfte dementsprechend die situationsgerechte Aufforderung lauten. Und wenn der Schupo Elisabeth über die Unterschiede zwischen Haft und Schutzhaft aufklärt (63,23), müsste dem Theaterpublikum auch klar werden, dass dieser Begriff kaum den Tatsachen entspricht, denn Elisabeth und ihre »Interessen« werden gerade nicht geschützt. Vom Schutz der Personen und

Alfons
Klostermeyer

deren persönlicher Entwicklung könnte in diesem Stück dann gesprochen werden, wenn der von Horváth detailliert geschilderte Teufelskreis durchbrochen werden könnte. Aber solange gilt, dass Elisabeth Geld benötigt, um arbeiten zu können, und sie Arbeit braucht, um Geld zu verdienen, solange gelten auch Glaube, Liebe und Hoffnung als die zwar geforderten, aber erfolglosen Tugenden. Statt des Stücktitels *Glaube Liebe Hoffnung* benötigte Elisabeth vielmehr Geld, Vertrauen, Hilfe – damit könnte sie ihr Leben tatsächlich ändern. Was Bertolt Brecht 1928 in der *Dreigroschenoper* mit dem inzwischen geflügelten Wort »Erst kommt das Fressen, dann kommt die Moral« pointiert zum Ausdruck brachte, liest sich bei Horváth vier Jahre später zwar konkreter, aber weniger prägnant: »Ich bin doch nur ins Wasser, weil ich nichts mehr zum Fressen hab – wenn ich was zum Fressen gehabt hätt, meinst, ich hätt dich auch nur angespuckt?!« (63,35–64,3)

Auch wenn im Stück des öfteren das Modalverb »müssen« verwendet wird, etwa vom Amtsgerichtsrat, der »die armen Leut verurteilen muß« (39,24), oder von Elisabeth, nach deren Ansicht Tote bei Straßendemonstrationen unvermeidlich sind und »halt immer viele Unschuldige dran glauben« (45,15–16) müssen, so drückt sich darin zwar ein gewisses fatalistisches Bewusstsein der Figuren aus; doch Horváth stellt dieses durch die entsprechenden Antworten oder Folgerungen bloß; er macht stets deutlich, dass auch andere Verhaltensweisen möglich sind oder es sich unter diesen Bedingungen verbietet, etwa von einem »geordneten Staatswesen« (45,17–18) zu sprechen, in dem sich dies alles »nicht umgehen läßt«, wie Alfons glaubt. Die Wortwahl verrät die Figuren, und auch Joachim, der tollkühne Lebensretter, betont mit dem Hinweis auf die »unbezahlbare Reklame«, die »umsonst in der ganzen Presse« (58,11–12) gedruckt erscheint, wie einerseits das »umsonst« zwar auf die kostenlose Werbung verweist, andererseits aber auch auf die grundlose, ohne Zweck ausgeführte Handlung. Und nicht zuletzt greift Alfons genau dieses Wort auf, um angesichts der toten Elisabeth seine gescheiterte Beziehung zu thematisieren, wobei Elisabeth ein letztes Mal als Objekt vorgeführt wird. Zwar bedauert der Schupo kurz die Tote mit den Worten »Du armes

Menschenkind«. Entscheidend ist aber seine eigene Befindlichkeit, und weit entfernt von jeglichem Schuldbewusstsein, betont er gleich zweimal seine Lage: »Ich hab kein Glück. Ich hab kein Glück« (66,10). Ihm erscheint sein Leben als Schicksal, und dieses entscheidet darüber, ob man zu den Glücklichen oder Unglücklichen zählt. Solches Verhalten korrespondiert mit dem Statusdenken sowie der Rangordnung im Anatomischen Institut, die Horváth genüsslich vor Augen führt. Die Konsequenzen dieser Hierarchiestrukturen werden gleichfalls sinnfällig: Was als gute Tat für die angebliche Tochter eines Zollinspektors Recht wäre, ist für eine Versicherungsinspektorstochter keineswegs billig. Gefälligkeiten und Tugenden erscheinen abhängig vom Empfänger und begründen sich nicht durch das Bewusstsein und Verhalten des Handelnden.

Horváths
Regieanwei-
sungen

Daneben legt Horváth auch bei seinen Regieanweisungen größten Wert darauf, Handlungen keineswegs als absolut eindeutig und ohne Alternativen darzustellen, weshalb er öfters den »Schein« betont, etwa bei der »anscheinend unschlüssigen Elisabeth« (14,6–7), beim »scheinbar« teilnahmslosen Alfons (13,10; 31,8) oder bei der »anscheinend sehr verbittert[en]« Elisabeth (38,18). Auf der Bühne sollte diese Unschlüssigkeit der Figuren mit den Dämmerzuständen einhergehen (17,20; 30,9; 31,9), die noch am Ende im Dialog zwischen Alfons und Elisabeth (62,31–32) thematisiert werden.

Auf diese Weise zeigt Horváth, wie sich Glaube und Liebe in ihr Gegenteil verkehren und sich die Hoffnung auf ein besseres Leben angesichts der gesellschaftlichen Realität als trügerisch erweist. In literarischen Bezügen gesprochen, könnte man den »kleinen Totentanz« nicht nur als ein dem »expressionistischen Stationendrama« nachempfundenes Stück bezeichnen, sondern

Märchen

auch als ein Märchen bzw. die Geschichte von Einer, die auszieht, das Fürchten zu lernen, oder sogar als dramatisches Pendant zu Carl Zuckmayers (1896–1977) *Der Hauptmann von Köpenick* (1931) und des Teufelskreises zwischen Aufenthaltsgenehmigung und Arbeitsnachweis. Am Ende bietet die ganze Literatur- und Kulturgeschichte des letzten Jahrhunderts Vergleichsobjekte, wenn Walter Huder 1972 die Besonderheit Ödön von Horváths etwa so zusammenfasst:

»Die Methode des Schriftstellers Horváth war die literarische Objektivität. Ihm ging es wie Brecht um die kritische Bild-werdung der doktrinären Verhältnisse, wie Sigmund Freud um die ›Demaskierung des Bewußtseins‹ und wie Kafka um die reflektierte ›Ehrlichkeit‹ des Symbols ... Dieser Carl Sternheim des Donaureviers und Wiener Walds, dieser Prinz Eugen des Bewußtseins-Proletariats im westlichen Balkan, der von Fiume und Budapest herauf über Paris hinausreicht, dieser Jüngling moderner Gesellschaftspraxis, ›Kind unserer Zeit‹, Chronist der herzlosen Offenheit unseres Jahrhunderts, Peter Weiss aus Maghrebien, Berliner aus Susak, Ganymed der immer noch dunklen Gegenwart europäischer, abendlän-discher Geschichte.«

Man kann es aber auch einfacher ausdrücken. Horváths Blick auf psychopathologische Verhaltensweisen, seine Kritik der so-zialen Mechanismen der Gesellschaft, der jedoch eine klare emanzipatorische Botschaft fehlt, zeichnet – wie sein Gesamt-werk – auch *Glaube Liebe Hoffnung* aus. Wirklichkeit wird da-bei jedoch nicht als bloßes Abbild präsentiert, sondern als Kon-struktion, um so die sozialen Abhängigkeiten und Bedingungen desto mehr hervorzuheben. Dadurch wird auch zuweilen das Das Groteske Groteske deutlich oder die gefährlichen Abgründe, die sich hin-ter den banalen Ereignissen auftun. Die übertriebene Tierliebe des Präparators erscheint insbesondere im Vergleich zu seiner Reaktion auf den Tod Elisabeths als die notwendige andere Seite ein und derselben Medaille, eines sezierenden Menschenbildes. Denn angesichts der Leiche interessiert ihn nur die Todesursache als Folge eines Organversagens – es soll das Herz sein – und weniger die Bedingungen, die dazu führten, dass dieses Herz keinen Liebhaber fand. So wird es für das Lese- und Theater-publikum klar, es bedarf einer Gesellschaft, in der Glaube, Liebe und Hoffnung nicht nur beständig im Munde geführt, sondern auch und vor allem gelebt werden.

Literaturhinweise

Die Verweise auf Horváths Texte beziehen sich auf die Ausgabe: Ödön von Horváth. *Gesammelte Werke*. Kommentierte Werkausgabe von Traugott Krischke unter Mitarbeit von Susanna Foral-Krischke. Frankfurt/M. 1983 ff. (genannt werden Band und Seitenzahlen).

A. Textausgaben »Glaube Liebe Hoffnung«

Ödön von Horváth, *Glaube Liebe Hoffnung*, in: Ödön von Horváth, Stücke. Hg. v. Traugott Krischke. Reinbek b. Hamburg 1961, S. 165 ff.

Ödön von Horváth, *Glaube Liebe Hoffnung*, in: Ödön von Horváth, *Gesammelte Werke* [in vier Bänden]. Hg. v. Dieter Hildebrandt, Walter Huder u. Traugott Krischke. Frankfurt/M. 1970 f., Bd. 1, S. 325 ff. [= GW 1970]

Ödön von Horváth, *Glaube Liebe Hoffnung*, in: Ödön von Horváth, *Gesammelte Werke* [in acht Bänden]. Werkausgabe der edition suhrkamp. Hg. v. Traugott Krischke u. Dieter Hildebrandt. Frankfurt/M. 1972, Bd. 1, S. 325 ff.

Ödön von Horváth, *Glaube Liebe Hoffnung*. Edition und Nachwort v. Traugott Krischke, Frankfurt/M. 1973 (= BS 361)

Ödön von Horváth, *Glaube Liebe Hoffnung*, in: Ödön von Horváth, *Gesammelte Werke* [in vier Bänden]. Hg. v. Traugott Krischke unter Mitarbeit v. Susanna Foral-Krischke. Frankfurt/M. 1988, Bd. 2, S. 525 ff. [= GW 1988]

Ödön von Horváth, *Glaube Liebe Hoffung*, in: Ödön von Horváth, *Gesammelte Werke* [in vierzehn Bänden]. Kommentierte Werkausgabe in Einzelbänden. Hg. v. Traugott Krischke unter Mitarbeit v. Susanna Foral-Krischke. Frankfurt/M. 1986, Bd. 6, S. 9 ff.

B. Materialien zu Ödön von Horváth und »Glaube Liebe Hoffnung«

Materialien zu Ödön von Horváth. Hg. v. Traugott Krischke. Frankfurt/M. 1970 [= Mat. I]

Materialien zu Ödön von Horváths »Geschichten aus dem Wiener Wald«. Hg. v. Traugott Krischke. Frankfurt/M. 1972 [= Mat. II]

Über Ödön von Horváth. Hg. v. Dieter Hildebrandt u. Traugott Krischke. Frankfurt/M. 1972 [= Mat. III]

Ödön von Horváth. Leben und Werk in Dokumenten und Bildern. Hg. v. Traugott Krischke u. Hans F. Prokop. Frankfurt/M. 1972 [= Mat. IV]

Materialien zu Ödön von Horváths »Kasimir und Karoline«. Hg. v. Traugott Krischke. Frankfurt/M. 1973 [= Mat. V]

Materialien zu Ödön von Horváths »Glaube Liebe Hoffnung«. Hg. v. Traugott Krischke. Frankfurt/M. 1973 [= Mat. VI]

Ödön von Horváth. Leben und Werk in Daten und Bildern. Hg. v. Traugott Krischke und Hans F. Prokop. Frankfurt/M. 1977 [= Mat. VII]

Ödön von Horváth. Hg. v. Traugott Krischke. Frankfurt/M. 1981 [= Mat. VIII]

Horváths Geschichten aus dem Wiener Wald. Hg. v. Traugott Krischke. Frankfurt/M. 1983 [= Mat. IX]

Horváths Stücke. Hg. v. Traugott Krischke. Frankfurt/M. 1988 [= Mat. X]

Horváth Chronik. Daten zu Leben und Werk. V. Traugott Krischke. Frankfurt/M. 1988 [= Mat. XI]

Horváth auf der Bühne 1926–1938. Dokumentation v. Traugott Krischke. Wien 1991 [= Mat. XII]

Ödön von Horváth, Himmelwärts und andere Prosa aus dem Nachlaß. Hg. v. Klaus Kastberger. Frankfurt/M. 2001 [= Mat. XIII]

Ödön von Horváth, Ein Fräulein wird verkauft und andere Stücke aus dem Nachlaß. Hg. v. Klaus Kastberger. Frankfurt/M. 2005 [= Mat. XIV]

C. Interpretationen zu Horváths »Glaube Liebe Hoffnung«

Haag, Ingrid, *Ödön von Horváth. Fassaden-Dramaturgie. Beschreibung einer theatralischen Form*. Frankfurt/M. u. a. 1995, S. 71–106

Kastberger, Klaus, »Ödön von Horváth: ›Glaube Liebe Hoffnung‹«, in: *Der literarische Einfall. Über das Entstehen von Texten*. Hg. v. Bernhard Fetz u. Klaus Kastberger, Wien 1998, S. 49–57

Schröder, Jürgen, »Ödön von Horváths kleiner Totentanz *Glaube Liebe Hoffnung*«, in: *Aufklärungen: Zur Literaturgeschichte der Moderne. Festschrift für Klaus-Detlef Müller zum 65. Geburtstag*. Hg. v. Werner Frick u. a., Tübingen 2003, S. 283–295

D. Allgemeine Literatur zu »Ödön von Horváth«

Bartsch, Kurt u. a. (Hg.), *Horváth-Diskussion*. Kronberg/Ts. 1976

Bartsch, Kurt, *Ödön von Horváth*. Stuttgart/Weimar 2000

Baumann, Peter, *Ödön von Horváth. »Jugend ohne Gott« – Autor mit Gott? Analyse der Religionsthematik anhand ausgewählter Werke*. Bern 2003

Diez, Georg, *Gegenheimat. Das Theater des Martin Kušej*. Salzburg/Frankfurt/Wien 2002

Fritz, Axel, *Ödön von Horváth als Kritiker seiner Zeit*. München 1973

Golec, Janusz, *Alltag und Glück im Werk Ödön von Horváths*. Lublin 2002

Günther, Gisela, *Die Rezeption des dramatischen Werkes von Ödön von Horváth von den Anfängen bis 1977*. Göttingen 1978

Heil, Stefan, *Die Rede von Gott im Werk Ödön von Horváths. Eine erfahrungstheologische und pragmatische Autobiographie- und Literaturinterpretation – mit einer religionsdidaktischen Reflexion.* Ostfildern 1999

Hell, Martin, *Kitsch als Element der Dramaturgie Ödön von Horváths.* Bern u. a. 1983

Hildebrandt, Dieter, *Ödön von Horváth in Selbstzeugnissen und Bilddokumenten.* Reinbek b. Hamburg 1975

Karlavaris-Bremer, Ute/Karl Müller/Ulrich N. Schulenburg (Hg.), *Geboren in Fiume. Ödön von Horváth 1901–1938.* Wien 2001

Kastberger, Klaus (Hg.), *Ödön von Horváth. Unendliche Dummheit – dumme Unendlichkeit.* Wien 2001

Kastberger, Klaus/Nicole Streitler (Hg.), *Vampir und Engel. Zur Genese und Funktion der Fräulein-Figur im Werk Ödön von Horváths.* Wien 2006

Kim, Jeong-Yong, *Das Groteske in den Stücken Ödön von Horváths.* Frankfurt/M. u. a. 1995

Klotz, Volker, *Dramaturgie des Publikums.* München 1976

Krischke, Traugott, *Ödön von Horváth. Kind seiner Zeit.* München 1980

Kurzenberger, Hajo, *Horváths Volksstücke. Beschreibung eines poetischen Verfahrens.* München 1974

Lunzer, Heinz/Victoria Lunzer-Talos/Elisabeth Tworek, *Horváth – Einem Schriftsteller auf der Spur.* Salzburg u. a. 2001

Mennemeier, Franz Norbert, *Modernes Deutsches Drama. Kritiken und Charakteristiken. Bd. 2: 1933 bis zur Gegenwart.* München 1975

Nolting, Winfried, *Der totale Jargon. Die dramatischen Beispiele Ödön von Horváths.* München 1976

Oellers, Piero, *Das Welt- und Menschenbild im Werk Ödön von Horváths.* Bern u. a. 1987

Rudnicki-Dotzer, Gabi/Klaus Goldschadt (Hg.), *Horváth-Journal Nr. 2.* Murnau 2004

Rudnicki-Dotzer, Gabi/Matthias Kratz (Hg.), *Leben ohne Geländer.* Murnau 2002

Schnitzler, Christian, *Der politische Horváth. Untersuchungen zu Leben und Werk.* Frankfurt/M. u. a. 1990

Winston, Krishna, *Horváth Studies. Close Readings of Six Plays (1926–1931).* Bern u. a. 1977

E. Literatur zum »Totentanz« und den drei Tugenden »Glaube Liebe Hoffnung«

Bauer, Johann, »Totentanzadaptionen im modernen Drama und Hörspiel: Hofmannsthal, Horváth, Brecht, Hausmann, Weyrauch und Hochhuth«, in: *Tanz und Tod in Kunst und Literatur.* Hg. v. Franz Link. Berlin 1993, S. 463–488

Gamper, Herbert, »Todesbilder in Horváths Werk«, in: Bartsch (Hg.), 1976, S. 67–81.

Kaiser, Gert (Hg.), *Der tanzende Tod. Mittelalterliche Totentänze.* Frankfurt/M. 1982

Kokott, Hartmut, »Todeserleben und Totentänze im Mittelalter«, in: *Der Deutschunterricht* 54 (2002) H. 1, S. 9–15

Rosenfeld, Hellmut, *Der mittelalterliche Totentanz.* Köln 1968

Söding, Thomas, *Die Trias Glaube, Hoffnung, Liebe bei Paulus. Eine exegetische Studie.* Stuttgart 1992

Walter, Eugen, *Glaube Hoffnung und Liebe im Neuen Testament.* Freiburg 1940

7.1 **Glaube Liebe Hoffnung**: Vgl. hierzu die Bibelstellen, zum einen im *Ersten Brief an die Korinther* (13,13): »Jetzt bleiben Glaube, Hoffnung, Liebe, diese drei: das Größte von ihnen ist die Liebe.« Zum anderen die beiden Textpassagen im *Ersten Brief an die Thessalonicher*: »Unablässig denken wir ja vor unserem Gott und Vater an euer Wirken im Glauben, euer Bemühen in der Liebe und eure Ausdauer in der Hoffnung auf unseren Herrn Jesus Christus« (1,3) und »Wir aber, die wir dem Tag gehören, wollen nüchtern sein, angetan mit dem Panzer des Glaubens und der Liebe und mit dem Halm der Hoffnung auf das Heil« (5,8). Seit Thomas von Aquin (≈1225–1274) gelten Glaube, Liebe und Hoffnung als die drei theol. Tugenden, durch »deren Realisation der Mensch Teilhabe am göttlichen Leben hat. Glaube kommt vom Hören auf die Selbstmitteilung Gottes und meint das grundsätzliche Vertrauen auf Gott. Liebe als Agape [das griech. Wort für eine Art umfassende und bedingungslose Liebe] bezeichnet die freiheitliche Bejahung des Mitmenschen als den, der auch von Gott geliebt wird, und ermöglicht die Liebe zu Gott. Hoffnung ist die grundlegende Zuversicht auf die eschatologische Vollendung der Wirklichkeit durch das Heilshandeln Gottes. Alle drei Tugenden sind von Gott dem Menschen durch die eschatologische Heilszusage in Jesus Christus unwiderrufbar und irreversibel eröffnet und daher in vollem Sinne Gnade. Da sie durch die Selbstmitteilung Gottes bereits in der Geschichte gegenwärtig sind, kann der Mensch sie in Freiheit und Verantwortung jetzt schon verwirklichen, indem er sich selbstgewählt von ihnen bestimmen lässt« (Heil 1999, S. 150 f.). Vgl. zu den erwähnten sowie weiteren Bibelstellen zu Glaube, Liebe, Hoffnung und deren Unterschiede Walter 1940, Söding 1992, Heil 1999.

7.2 *Totentanz*: Seit Ende des 13. Jh.s allegorische Darstellung eines Reigens, den der Tod mit Menschen jeden Alters und Standes tanzt. Die bildliche Darstellung des Motivs, dass alle Menschen dem Tode anheimfallen, wird ergänzt durch Begleitverse, in denen die Todgeweihten mit ihrem Partner Zwiesprache halten, als

Mahnung oder als Klage. Vgl. hierzu Gamper 1976, sowie zum mittelalterlichen Totentanz Kaiser 1982, Kokott 2002.

Theaterstück: Diese Gattungsbezeichnung muss ins Auge fal- 7.3
len, zumal der Entwurf noch den Untertitel trug »Volksstück in sieben Bildern« (Bd. 6, S. 71) und Horváth die meisten seiner Stücke Ende der 1920er Jahre als Volksstücke im Untertitel charakterisierte. Diese Gattung, deren Ursprünge im Wien des 18. Jh.s liegen, waren für Horváth von zentraler Bedeutung, weshalb er 1932 in einem Radio-Interview ausdrücklich betonte: »Ich gebrauchte diese Bezeichnung ›Volksstück‹ nicht willkürlich, d. h. nicht einfach deshalb, weil meine Stücke mehr oder minder bayerisch oder österreichisch betonte Dialektstücke sind, sondern weil mir so etwas ähnliches, wie die Fortsetzung des alten Volksstückes vorschwebte. […] Also: zu einem heutigen Volksstück gehören heutige Menschen, und mit dieser Feststellung gelangt man zu einem interessanten Resultat: nämlich, will man als Autor wahrhaft gestalten, so muß man der völligen Zersetzung der Dialekte durch den Bildungsjargon Rechnung tragen« (Bd. 11, S. 200 f.). Vgl. zur Gattungsgeschichte neben Horváths »Gebrauchsanweisung« (s. »Anhang«, S. 80) auch Hellmuth Himmels knappe Darstellung »Ödön von Horváth und die Volksstücktradition« (Mat. VII, S. 46 ff.), Alfred Dopplers »Bemerkungen zur dramatischen Form der Volksstücke Horváths« (in: Bartsch 1976, S. 11 ff.) sowie Kurzenberger 1974. Verwiesen sei auch auf Klotz, der Horváths Bühnenwerke als »aktive Auseinandersetzung zwischen neuem und altem Volksstück [beschreibt]. Nämlich: das zweitaktige Widerspiel von Fortsetzung und Zerstörung, von Montage und Demontage« (1976, S. 188).

Lukas Kristl: Wilhelm Lukas Kristl (1903–1985) war Lokal- 7.4
und Gerichtsreporter der sozialdemokratischen *Münchner Post*, später auch Kritiker und Schriftsteller.

Randbemerkung: Neben *Revolte auf Côte 3018* (Bd. 1, S. 46), 9.1
später in *Die Bergbahn* (Bd. 1, S. 90) umbenannt, ist *Glaube Liebe Hoffnung* Horváths einziges Werk, das er mit einer Art von Kommentar einleitet. Allerdings kann hier von einer »Randbemerkung« im Sinne einer beiläufigen Bemerkung zum Stück keine Rede sein. Vielmehr beschreibt Horváth in diesem Text detailliert die Entstehung des Werks, die Bedeutung seines »Be-

kannten namens Lukas Kristl« für dieses Stück sowie seine Absichten, weshalb er gleich dreimal auf dieselbe rhetorische Figur zurückgreift: »Wie in allen meinen Stücken, habe ich auch diesmal [...].« Vgl. hierzu auch die verschiedenen Fassungen und Lesarten in Mat. VI, S. 61 ff. Horváth knüpft mit der Kommentierung seines Stückes zugleich an seinen Text »Gebrauchsanweisung« (s. »Anhang«, S. 80) an, mit dem er einerseits auf Vorwürfe seiner Kritiker reagierte, seine Stücke seien satirisch oder parodistisch, und andererseits seine Erfahrungen bei der Inszenierung von *Kasimir und Karoline* in Leipzig und Berlin verarbeitete.

9.2 **Februar 1932**: Mit diesem Datum lässt sich das Geschehen historisch genau bestimmen. Ansonsten notiert Horváth oft in seinen Stücken nach den Angaben der Personen die Zeitumstände, wie etwa in *Geschichten aus dem Wiener Wald* oder *Kasimir und Karoline*, in denen es heißt, »das Stück spielt in unseren Tagen« (SBB 26, S. 8) oder »dieses Volksstück spielt [...] in unserer Zeit« (SBB 28, S. 8).

9.2 **traf ich auf der Durchreise in München**: Dank Kristls »Erinnerung an Ödön von Horváth« wissen wir über dieses Treffen bestens Bescheid, vgl. Wilhelm Lukas Kristl, »Erinnerung an Ödön von Horváth«, in: *Münchner Stadtanzeiger. Beilage zur Süddeutschen Zeitung*, München, 14. 11. 1975. Horváth las am 2. 2. 1932 im Gartensaal der Reitschule auf Einladung der von Florian Seidl (1893–1972) 1924 gegründeten und zusammen mit Willi Cronauer (1901–1974) geleiteten Gesellschaft zur Förderung der »neuen künstlerischen Jugend« ›Die Gegenwart‹ aus seinen jüngsten Werken *Geschichten aus dem Wiener Wald* und *Italienische Nacht*.

9.17 **Fall aus seiner Praxis**: Vgl. den im Anhang abgedruckten Text Kristls, »Vor Gericht ist das Betrug«, die Anklageschrift und das Protokoll der Verhandlung sowie die Recherchen Thomas Fischers zu Klara Gramm (1900–1979).

9.26 **Anwendung kleiner Paragraphen**: Vgl. Krischkes Liste jener kleinen Paragraphen (Mat. VI, S. 42 f.), die für Horváths Stück von Bedeutung sein könnten.

10.2–4 **den gigantischen Kampf zwischen Individuum und Gesellschaft**: Hier greift Horváth das Bild vom »Streit der Giganten«

auf, womit Sigmund Freud (1856–1939) in seiner Studie *Das Unbehagen in der Kultur* (1930) den Kampf zwischen Eros und Thanatos, zwischen dem Lebens- und Destruktionstrieb beschrieb, letztlich den »wesentlichen Inhalt des Lebens überhaupt«. Im Unterschied zu Freuds Hinweisen, mittels der Sublimierung Positives entstehen zu lassen, sieht Horváth hier allerdings nur den Kampf jeder gegen jeden: »dieses ewige Schlachten«.

auf bestialischen Trieben basiert: Vgl. hierzu auch Horváths   10.10–11
Radio-Interview mit Willi Cronauer vom 6.4.1932, in dem er
die Reaktionen der Theaterzuschauer zu beschreiben versucht:
»Der Widerwille eines Teiles des Publikums beruht wohl darauf,
daß dieser Teil sich in den Personen auf der Bühne selbst erkennt – und es gibt natürlich Menschen, die über sich selbst nicht
lachen können – und besonders nicht über mehr oder minder
bewußtes, höchst privates Triebleben« (Bd. 11, S. 203). Und die
selbstgestellte Frage »Was geht da in dem einzelnen Zuschauer
vor?« beantwortet er direkt: »Folgendes: seine scheinbare Antipathie gegen die kriminellen Geschehnisse auf der Bühne ist keine wahre Empörung, sondern eigentlich ein Mitmachen, ein
Miterleben und durch dieses Miterleben ausgelöste Befriedigung
asozialer Triebe. Der Zuschauer ist also gewissermaßen über
sich selbst empört. Man nennt diesen Zustand Erbauung« (ebd.,
S. 205).

Gefühlsäußerungen verkitscht: Vgl. zur Bedeutung des Kitsches   10.19
in Horváths Werk und für den Autor selbst Hell 1983 sowie
Horst Jarkas Aufsatz, »Ödön von Horváth und das Kitschige«,
in: *Zeitschrift für Deutsche Philologie* 91 (1972), S. 558–585.

ich lehne alles Parodistische ab: In dem am 6.4.1932 ausge-   10.26–27
strahlten Interview hatte Horváth ebenfalls klar Stellung bezogen: »Die Parodie lehne ich als dramatische Form aus dichterischer Erkenntnis heraus ab. Parodie hat meines Erachtens mit
Dichtung gar nichts zu tun und ist ein ganz billiges Gefallmittel«
(Bd. 11, S. 243).

gegen Dummheit und Lüge zu sein: Was Horváth hier als sein   10.29–30
allgemeines Ziel für seine Stücke festlegt, gilt gleichfalls für seine
Prosatexte. In einem Entwurf zu *Himmelwärts. Romantischer
Roman* aus der zweiten Hälfte der 1920er Jahre heißt es: »Nach

wie vor gilt aber dem Verfasser als höchster Spruch: Gegen Lüge und Dummheit. Werdet aufrichtig, erkennt Euch selbst! Nehmt Euch nicht zu ernst, es steht Euch weder an noch gut« (Mat. XIII, S. 34).

11.8 **Motto**: Horváth stellte in den Jahren um 1930 seinen Stücken Motti gern voran, vgl. *Kasimir und Karoline* (SBB 28, S. 7) und *Geschichten aus dem Wiener Wald* (SBB 26, S. 7).

11.17 *Mos. I. 8,21*: Vgl. zur Bedeutung dieses Zitats aus 1. Mose 8,21 f. im Zusammenhang mit der Sintflut und nach der Flut-katastrophe die Anmerkungen Heils (1999, S. 152 f.).

12.1–2 **Ein Schupo (Alfons Klostermeyer)**: Mit der Abkürzung für Schu[tz]po[lizist] und der Namensnennung in Klammern ver-sucht Horváth zu betonen, dass weniger seine Individualität im Stück als vielmehr seine Funktion zählt, was auch für die ande-ren Berufsbezeichnungen gilt.

12.2 **Oberpräparator**: Horváth markierte gern durch Titel Hierar-chien in Ämtern, weshalb er hier gleich drei Präparatoren auf-treten lässt, also Personen, die sich beruflich der Herstellung und Pflege präparierter Organismen zu wissenschaftlichen Demon-strationsobjekten widmen.

12.7 **JOACHIM**: Die Großschreibung einzelner Figuren bleibt im dramatischen Werk Horváths eine Ausnahme. Zugleich über-rascht im Kontext der anderen Stücke um 1930, dass Horváth auf eine nähere Angabe zum Ort und zur Zeit des Geschehens verzichtet. Gleichwohl ist beides leicht zu ergänzen: süddt. Stadt Anfang der 1930er Jahre.

13.3 *Anatomischen Institut*: In diesem Institut, auch die Anatomie genannt, befinden sich neben Hör-, Mikroskopie- und Präpa-riersälen, meist auch Sammlungs- und Ausstellungsräume sowie Leichenräume, in denen Tote für längere Zeit aufbewahrt wer-den. Wenn Peter Baumann hierin ein »Leichensägewerk« sieht, bieten sich ihm Vergleiche zum »Sägewerk«-Motiv in Horváths Roman *Jugend ohne Gott* an; vgl. Baumann 2003, S. 317, 243 ff.

13.3–4 *Milchglasfenstern*: Indem sie den Blick anlocken und einen Blick ins Innere versprechen, ihn dann aber verwehren, können diese Fenster als exemplarisch für Ingrid Haags »Fassadendra-maturgie« gelten – »das Spiel von Zeigen und Verbergen« (1995, S. 78).

Trauermarsch von Chopin: Horváth schätzte Frédéric Chopins 13.7–8
(1810–1849) ersten Satz der Klaviersonate h-Moll, op. 58 so
sehr, dass er ihn auch in *Geschichten aus dem Wiener Wald* (SBB
26, S. 15) als musikalisches Zitat aufnahm. Vgl. zur zentralen
Rolle der Musik in Horváths Stücken Baumgartner (Mat. X,
S. 154 ff.) sowie *Kasimir und Karoline* (SBB 28, S. 9, 128) und
Geschichten aus dem Wiener Wald (SBB 26, S. 149 ff.). Mittels
dieses Musikstücks und der nahe liegenden Assoziationen zum
Tod verbindet Horváth den Schauplatz des Anatomischen Instituts zu Beginn mit dem Polizeirevier am Schluss des Stückes
(53,6–7).

Frühling: Mit dieser Zeitangabe markiert Horváth den Rah- 13.11
men, in dem sich die Handlung abspielt, denn das Vierte Bild
spielt im Oktober (44,8) und das Fünfte im November (vgl. 57,2
u. 65,18).

die Köpf in Reih und Glied: Vgl. 22,9. Horváth greift dieses Bild 13.22
auch mit der »Formation« auf (64,17; 66,23) sowie im Stück
Himmelwärts (Bd. 7, S. 186) und im Roman *Ein Kind unserer
Zeit* (Bd. 14, S. 14, 23, 74, 124).

Angst vor den Toten: Mit dem frühen Hinweis auf Tote und den 13.23
Tod betont Horváth gleich zu Beginn des Stücks die zentrale
Bedeutung dieses Motiv, denn in jedem Bild – bis auf das Zwei-
te – stirbt jemand, sodass am Ende mit dem Hund des Präpara-
tors insgesamt von zehn Toten die Rede ist. Herbert Gamper
zeichnet in seinem Aufsatz, »Die Zeichen des Todes und des
Lebens. Zu bisher kaum beachteten Konstruktionselementen in
Horváths vier ›Fräuleinstücken‹«, in: *Theater heute* 15 (1974),
H. 3, S. 1–6, die Bedeutung des Todes für die vier Dramen de-
tailliert nach.

jemand Zuständigen: Horváth war dieser Funktionsträger so 14.10
wichtig, dass er in Szenenentwürfen zum Stück *Die Lehrerin von
Regensburg* die Figuren »Der Zuständige« und der »Nichtzu-
ständige« auftreten lässt (Mat. XIV, S. 56 ff.). Die Suche nach
den Zuständigen stellt sich auch für den »Invaliden«, der dabei
zum Schluss kommt: »Auf Wiedersehen im Massengrab!«
(32,22)

mich selbst persönlich: Tautologischer Ausdruck, mit dem 14.17
Horváth zeigen kann, dass es Elisabeth gerade an Persönlichkeit

und einem eigenen Stil mangelt, weshalb sie sich anschließend auch mehrmals wiederholt. Dabei verlässt sie sich keineswegs auf ihre eigenen Worte, sondern auf die Auskünfte anderer: »Man hat mich nämlich extra darauf aufmerksam gemacht.«

14.22 *Stille*: Eine der wichtigsten Regieanweisungen Horváths, die er in seiner »Gebrauchsanweisung«, d. h. den »praktischen Anweisungen« für die Regie besonders hervorhebt: »Bitte achten Sie genau auf die Pausen im Dialog, die ich mit ›Stille‹ bezeichne – – hier kämpft das Bewußtsein oder Unterbewußtsein miteinander, und das muß sichtbar werden« (s. »Anhang«, S. 85). Vgl. zu ihrer dramaturgischen Funktion die Ausführungen von Theo Buck, »Die Stille auf der Bühne«, in: *Recherches Germaniques* 9 (1979), S. 174–185, sowie Claudia Benthien, »Die stumme Präsenz. Zur ›Figur‹ des Schweigens bei Ödön von Horváth«, in: Gabriele Brandstetter/Sibylle Peters (Hg.), *de figura. Rhetorik – Bewegung – Gestalt*, München 2002, S. 195–220, die auch die Unterschiede zwischen Horváths Szenenhinweisen »Stille« und »Pause« betont (S. 208 f.).

15.5–6 **Aber ich lasse den Kopf nicht hängen.**: Bekannt im Volksmund wurde das Motiv, gegen die Mutlosigkeit anzugehen, durch die Zeile »Laß den Kopf nicht hängen« aus der Operette *Frau Luna* (1899) von Paul Lincke (1866–1946), zu der Heinrich Bolten-Baeckers (1871–1938) den Text schrieb. Auf dieses so eindrückliche wie klare Bild und auf dieselben Worte greift Horváth am Ende des Stückes (65,25–26) zurück, um so weniger die Entwicklung der Figur hervorzuheben als eher deren Scheitern in Form einer Kreisbewegung.

15.27 **Wir alle sind in Gottes Hand.**: Ähnlich lässt Horváth auch die Großmutter in den *Geschichten aus dem Wiener Wald* argumentieren, wenn sie den möglichen Tod des kleinen Leopolds mit den Worten kommentiert: »Gott gibt und Gott nimmt« (SBB 26, S. 90) und diesen dann bewusst herbeiführt. Mit Blick auf den Ausgang der Bühnenhandlung erweist sich der Hinweis des Oberpräparators als Ironie Horváths, denn was eigentlich für den Lebensweg des Barons gelten sollte, gilt ihm: Er stirbt an einer Infektion.

15.28–29 **vor Verdun und an der Somme**: Anspielung auf die erbitterten Kämpfe der dt. Truppen um Verdun im Juni 1916; um einen endgültigen Durchbruch nach Verdun zu verhindern, starteten die Engländer am franz. Fluss Somme einen Gegenangriff, wodurch die dt. Truppen ihren Angriff stoppten und einen Teil der Soldaten dorthin entsenden mussten.

Nur gut, daß der Leichnam freigegeben ist.: Aus dieser Erleichterung und aus der Wortwahl des nur scheinbar »unglücklichen« Barons schließt Ingrid Haag, dass es sich bei dem Unfall »in Wirklichkeit höchstwahrscheinlich um Mord handelt« (1995, S. 81). 16.2

Immer soll nur der Staat helfen: Horváth legte seinen Figuren oft zu Beginn seiner Stücke in kurzen Gesprächen politische Ansichten in den Mund, um deren Bedeutung für die Personen und ihre Entwicklung im Verlaufe des Bühnengeschehens deutlich zu zeigen; vgl. etwa die Eingangsszene der *Italienischen Nacht* (SBB 43, S. 9). 16.21–22

Sudetendeutsche: Sammelbegriff für alle in der ehemaligen Tschechoslowakei lebenden Deutschen. 17.9–10

Die Pflicht ruft – –: Diese offizielle Verabschiedungsfloskel dient dem »Herrn Oberpräparator« letztlich auch als Motto eines pflichtbewussten Beamten; deshalb kann er diesen Satz sowohl dem höhergestellten Baron als auch dem ihm untergeordneten Präparator gegenüber verwenden; vgl. 21,25. 17.10

Morgen ist auch ein Tag.: Elisabeth zitiert hier den Titel eines Studentenliedes von Rudolf Baumbach (1840–1905), zu dem Valentin Eduard Becker (1814–1890) und Vincenz Lachner (1811–1893) die Musik schrieben, um ihre Hoffnung – dem Titel des Stückes entsprechend – nicht sofort aufzugeben. 17.31

daß ich noch einmal Glück haben werde: Auf der Suche nach dem Glück ist nicht nur Elisabeth, sondern auch Marianne und viele andere Figuren in den *Geschichten aus dem Wiener Wald*. Deshalb lässt Horváth in diesem Stück nicht nur ein Bild »Die Jagd nach dem Glück« (SBB 26, S. 82) auf der Bühne nachstellen, sondern verfasste anschließend die Revue *Magazin des Glücks* (vgl. GW 1970, Bd. IV, S. 604 ff.), die allerdings nicht realisiert werden konnte. 18.5–6

hundertfünfzig Mark – –: Horváth schätzte es, Preise genau anzugeben, um damit Relationen sichtbar zu machen, etwa zum Amtsgerichtsrat, der »sechshundert Mark« verdient; vgl. 22,30. 18.7–8

Diese Summe markiert andererseits die Differenz zum Monats-
verdienst Karolines im Stück *Kasimir und Karoline* (SBB 28,
S. 58) wie zu jenem Anna Pollingers in *Das Märchen vom Fräulein Pollinger* (Bd. 11, S. 124 f.).

18.15 **Inspektor**: Als Beamter genoss er jene Privilegien, die Horváth
nicht müde wurde zu betonen. Neben der Pensionsberechtigung
konnte er nicht so ohne weiteres entlassen werden, was für die
krisengeschüttelten Jahre um 1930 nicht zuletzt auch als Motiv
für die Wahl des Ehegatten von Bedeutung war, wie Karoline im
Stück *Kasimir und Karoline* mehrfach betont (SBB 28, S. 14,
28).

18.24–25 **Wandergewerbeschein**: Notwendiges Dokument zur Aus-
übung eines »Gewerbebetriebs im Umherziehen« entsprechend
§§ 55–63 der Gewerbeordnung vom 21. 6. 1869.

18.28 **tät**: In der österr. und süddt. Umgangssprache wird der Kon-
junktiv im irrealen Wunschsatz oft mit dem Hilfsverb »tun« statt
mit dem Hilfsverb »werden« gebildet; vgl. 25,28; 30,24; 31,2;
34,10; 44,6; 48,25.

18.33 **Hüftgürtel, Korsett. Engros.**: Hier spielt Horváth auf die Firma
des Kaufmanns Georg Aschl an, der gemeinsam mit seiner Frau
in München eine »Maßanfertigung u. Fabriklager von Korsetts
u. Damenwäsche« betrieb und im Prozess gegen Frau Klara
Gamm als gesetzlich beeidigter Zeuge auftrat (vgl. die »Anklageschrift« im Anhang).

19.2 **Wo bist du, goldene Zeit?**: Die Jahre der Weimarer Republik
wurden mitunter als die »goldenen Zwanziger Jahre« oder als
die »Roaring Twenties« verklärt.

19.20 **Die Kaiserin Elisabeth von Österreich**: Die am Heiligen Abend
1837 im bayr. Possenhofen geborene Elisabeth Amalie Eugenie,
auch Sissi genannt, war viertes Kind des Herzogs Maximilian
Joseph in Bayern (1808–1888). 1854 heiratete sie Kaiser Franz
Josef I. (1830–1916) und wurde damit nicht nur zur Kaiserin
von Österreich, sondern auch zur Königin von Ungarn.

19.22 **ruchlosen Attentat**: Kaiserin Elisabeth wurde am 10. 9. 1898 in
Genf von dem ital. Anarchisten Luigi Luccheni (1872–1910)
ermordet.

19.23 **Genf […] Völkerbund**: In Genf hatte der Völkerbund, gegrün-
det nach dem Ersten Weltkrieg als internationale Organisation

sowohl zur Wahrung des Friedens als auch zur wirtschaftlichen und kulturellen Zusammenarbeit der verschiedenen Nationen, seinen Sitz.

Tumors: Fast könnte man glauben, das weibliche Geschlecht verschlägt dem Oberpräparator so sehr die Sprache, dass er darüber dem korrekten Plural eines Geschwulsts, nämlich die Tumoren oder umgangssprachlich die Tumore, keine Beachtung schenkt. 20.16

An diesem komplizierten Fall aus Brünn.: Der Hinweis auf die Nichtalltäglichkeit scheint Horváth hier notwendig zu sein, um den späteren Tod (55,34–36) an dieser Infektion »plausibel« zu begründen. Haag sieht in der Wortwahl allerdings eher einen Verdrängungsprozess, weshalb der »terminus technicus« (Fall) das Unnennbare (Leiche) verstelle; zudem handle es sich bei dieser Leiche um die der »unglücklicherweise verunglückten Frau des Barons« (1995, S. 82). 21.16–17

Wenn ich mir [...] einer höheren Ordnung.: »Entschlüsselt« lautet der Satz nach Schröder so: »Mögest du an deinem infizierten Zeigefinger krepieren, dann präpariere ich dich wie einen meiner Schmetterlinge und spieße dich in meine Sammlung auf« (2003, S. 291). 21.22–24

Frau Amtsgerichtsrat: Zu Zeiten Horváths wurden in Österreich und mitunter auch in Süddeutschland Frauen entsprechend den Titeln ihres Mannes angesprochen. Horváth bedenkt solcherart Titulierungen, mit denen er den gesellschaftlichen Status seiner Bühnenfiguren bestimmt bzw. deren Bewusstsein demaskiert, mit beißendem Spott; vgl. *Geschichten aus dem Wiener Wald* (SBB 26, S. 14) und *Italienische Nacht* (SBB 43, S. 12, 66). 22.7

unter die Arme greifen: Vgl. 21,3. Mit diesem Bild und dem konkreten Geldbetrag betont die Frau Amtsgerichtsrat die Bedeutung ihrer Arbeit, denn der Präparator beschreibt mit den gleichen Worten seine Unterstützung Elisabeths mit 150 Mark; ihr Gatte hingegen lehnt später diese Hilfe als »kompletten Irrsinn« ab und stellt die rhetorische Frage »Mußt du denn Korsette verkaufen?!« (39,18–19). 22.29

Das Verkaufen ist heutzutage kein Kinderspiel: Horváth lässt hier Elisabeth die Argumentation von Frau Prantl verwenden, 23.14–15 doch die Reaktionen sind sehr verschieden. Was für die Inhaberin des Geschäfts recht ist, um die Bescheidenheit der Frau Amtsgerichtsrat angesichts ihrer guten Verkäufe zu kommentieren, ist es für die abhängige Elisabeth noch lange nicht, die damit ihre schlechten Verkaufsergebnisse rechtfertigt.

23.16 **Gemeinplätze!**: Horváth legte seinen Figuren gerne Gemeinplätze in den Mund, um vorzuführen, wie sie daran scheitern, damit die Realität adäquat zu beschreiben.

23.18 **Gymnastik**: In den *Geschichten aus dem Wiener Wald* (SBB 26, S. 28) spricht Horváth noch von der »rhythmischen Gymnastik«. Die holl.-amerik. Gymnastikreformerin Bess M. Mensendieck (1864–1958) hatte Anfang des 20. Jh.s eine Erziehungslehre begründet, bei der die körperliche Ertüchtigung zum einen den weiblichen Eigenarten entsprechen und sich zum anderen vom Einfluss des Männerturnens lösen sollte.

23.19 **nackerte Weiber sieht**: Anspielung auf die zunehmende Zahl von Anhängern der Freikörperkultur in den 1920er Jahren sowie die ersten »Kunstaktphotographien« in diversen Zeitschriften.

24.7 **höhere Gewalt**: Mit diesem Hinweis reiht sich Elisabeth in den Reigen der Horváth-Figuren ein, die in schwierigen wirtschaftlichen Situationen auf das Schicksal oder eine höhere Gewalt verweisen; vgl. Mariannes Hinweis in *Geschichten aus dem Wiener Wald* (SBB 26, S. 49), Schürzigers Beschäftigung damit in *Kasimir und Karoline* (SBB 28, S. 13) oder die Argumentation des Stadtrats in *Italienische Nacht* (SBB 43, S. 34).

24.8 **die Angestellten**: Während hier der Gegensatz von Firmeninhabern und Angestellten im Mittelpunkt steht, charakterisiert Horváth in seinen anderen Werken insbesondere das Bewusstsein der Angestellten sehr genau, v. a. deren betonte Distanz zu Arbeitern; vgl. z. B. *Kasimir und Karoline* (SBB 28, S. 33) und *Italienische Nacht* (SBB 43, S. 36).

24.20 **vierfachen Umsatz**: Horváth scheint hier gleichfalls ein wenig zerstreut zu sein, weshalb die genannten Zahlen keineswegs zu diesem Ergebnis führen. Nach Adam Riese stehen 24 verkauften Teilen der Frau Amtsgerichtsrat (22,12) nur ganze vier Teile Elisabeths (23,12–13) gegenüber, sodass es Horváth hier wohl weniger um die mathematische Genauigkeit geht als vielmehr um das Verhältnis der beiden Vertreterinnen.

schreit: **Unrecht! Jawohl!!**: Nach den Gesetzen der Logik zeigt 25.21
Horváth, wie sehr das Geschrei des Präparators die vorherige
Aussage Irene Prantls bestätigt, wonach unrecht habe, wer
schreit. Benthien weist zu Recht auf die paradoxe Situation hin:
»Sowohl der Präparator als auch Elisabeth widersprechen ihrer
eigenen Aussage, indem sie performativ eben das vollziehen, was
sie vorgeblich nicht tun: Elisabeth spricht davon ›jetzt‹ nicht zu
sprechen, der Präparator ›schreit‹ seine Bekräftigung, daß derjenige, welcher schreit, im Unrecht ist« (Benthien, a.a.O.,
S. 210).

Betrug: Nach § 263 des StGB wurde mit Gefängnis oder Geld- 26.21
strafe bestraft, wer in der Absicht, sich oder einem anderen einen
rechtswidrigen Vermögensvorteil zu verschaffen, das Vermögen
eines anderen dadurch beschädigt, dass er durch Vorspiegelung
falscher oder Entstellung oder Unterdrückung wahrer Tatsachen einen Irrtum erregt oder unterhält.

Tatbestand des Betruges: Horváth charakterisierte seine Figu- 26.25
ren häufig mittels Tautologien; daher sagt die Vorstellung der
»Frau Amtsgerichtsrat«, Betrügerin sei, wer den Tatbestand des
Betrugs erfülle, nicht nur viel über ihr juristisches Unwissen aus,
sondern auch über ihre Fähigkeit, Schlüsse zu ziehen. Vgl. auch
die Tautologie Alfons Klostermeyers, »Pflicht ist Pflicht«
(42,18), mit der er Elisabeth angeblich seinen Mantel nicht geben darf.

Gedanken sind zollfrei: Bekanntes dt. Sprichwort, das auf den 28.6
röm. Juristen Domitius Ulpianus (170–223) zurückgeht, der in
einem Kommentar zu den Grundsätzen prätorianischer Recht-
sprechung betonte: »Cogitationis poenam nemo patitur«, d.h.,
für seine Gedanken wird niemand bestraft.

Ich bin vorbestraft, weil [...] sein Geld aufgebraucht.: Dieser 28.18–25
Lebenslauf Elisabeths könnte als eine der »ganz wenig Stellen«
gelten, die Horváth in seiner »Gebrauchsanweisung« erwähnt,
in denen »ganz plötzlich ein Mensch sichtbar wird – – wo er
dasteht, ohne jede Lüge« (s. »Anhang«, S. 86).

Mein Mann ist ja ein braver Mensch: Während die Frau Amts- 28.28
gerichtsrat ihrem Mann die Kategorie »Mensch« selbstverständlich zugesteht, bleibt diese Elisabeth verwehrt, denn bei ihr
interessiert nur der »Tatbestand des Betruges« (26,25; 26,35)

sowie die Zugehörigkeit zur allgemeinen Gruppe der »Angeklagten«.

29.2 **schließlich**: Vgl. zu dieser Art von »Überbrückungsfloskeln«, wie z. B. »zu guter Letzt«, »sozusagen«, »gewissermaßen«, »unberufen«, »apropos«, »respektive«, »eventuell«, »kurz und gut«: Dietmar Goltschnigg, »Das Sprachklischee und seine Funktion im dramatischen Werk Ödön von Horváths«, in: *Wirkendes Wort* 25 (1973), H. 3., S. 181–196, hier S. 184.

29.3 **der Richter auch nur ein Mensch ist**: Mit der abstrakten Kategorie des »Menschen« sowie der Negation argumentieren viele Horváth-Figuren, und in leicht veränderter Form könnte diesen Satz fast jede Person im Stück sprechen. Vgl. beispielhaft für viele andere die Diskussion über den »Menschen« in *Geschichten aus dem Wiener Wald* (SBB 26, S. 84).

30.3 *Wohlfahrtsamt*: Eigentl. das Fürsorgeamt, jene örtliche Behörde, die laut Verordnung vom 13. 2. 1924 v. a. für jene Schwerbeschädigte und Erwerbsbeschränkte, Kriegsbeschädigte und Kriegshinterbliebene, Arbeits- und Erwerbslose zu sorgen hatte, die keinen Anspruch auf Arbeitslosenunterstützung aus der Arbeitslosenversicherung geltend machen konnten.

30.9 *Spätnachmittagssonne*: Vgl. zur Bedeutung dieser Szenerie, v. a. die Wirkung des Lichts (vgl. auch 33,17), Haags Ausführungen als weiteres Beispiel der Fassaden-Dramaturgie (1995, S. 85).

30.15–16 **Invalidenversicherung**: Versicherung zum Schutz gegen die Minderung der Erwerbsfähigkeit wegen Invalidität. Nach dem dt. Invalidenversicherungsgesetz aus dem Jahre 1924 galt derjenige als »Invalide, der nicht mehr imstande ist, durch seine Tätigkeit, die seinen Kräften und Fähigkeiten entspricht und ihm unter billiger Berücksichtigung seiner Ausbildung und seines bisherigen Berufs zugemutet werden kann, ein Drittel dessen zu erwerben, was körperlich und geistig gesunde Personen derselben Art und ähnlicher Ausbildung in derselben Gegend zu verdienen pflegen«.

30.18 **Berufsgenossenschaft**: Eine Körperschaft des öffentlichen Rechts als Trägerin der gesetzlichen Unfallversicherung innerhalb eines Gewerbezweiges.

30.25–26 **Spruchausschuß**: Gremium, das problematische Streitfälle vor einem juristischen Strafverfahren zu lösen sucht.

Der Herr General – –: Damit die Wirkung der Uniform des 31.11–12
Schupos Alfons Klostermeyer und deren militärische Funktion
nicht als vereinzelte Wahrnehmung einer »Arbeiterfrau« erscheint, lässt Horváth auch den »Präparator« zu dieser Beschreibung greifen, die der Beschriebene jedoch entschieden zu-
rückweist: »Ich bin kein General« (57,9).

Dummheit und Stolz wachsen auf einem Holz.: Sprichwort zu 32.6–7
dem Thema, das Horváth besonders interessierte. Nicht nur in
seiner »Randbemerkung« betont er seine Absicht mit seinen Stücken »gegen die Dummheit und Lüge zu sein« (S. 10,29), sondern auch *Geschichten aus dem Wiener Wald* leitet er mit dem
inzwischen zum geflügelten Wort gewordenen Motto ein:
»Nichts gibt so sehr das Gefühl der Unendlichkeit als wie die
Dummheit« (SBB 26, S. 7).

Hast denn gar etwas angestellt?: Aus dem Munde der Arbeiter- 32.10
frau ist die Anspielung auf ihren möglichen Status als Angestellte
offensichtlich; diese Abgrenzungen spielten im Bewusstsein der
Angestellten eine große Rolle, wie Siegfried Kracauer (1889–
1966) in seiner Studie *Die Angestellten. Aus dem neuen
Deutschland* (1930) aufzeigt.

Nicht alles ist Gold, was glänzt – –: Sprichwort, das darauf 32.13
hinweist, dass der äußere Schein oft trügen kann und man sich
nicht auf den Augenschein verlassen sollte. Vgl. zur Funktion des
Sprichworts in Horváths Œuvre die zwei Aufsätze Dietmar
Goltschniggs: zum einen in: Bartsch 1976, S. 55–66, zum anderen in: *Wirkendes Wort* 25 (1973), a. a. O., S. 181–196.

Arbeitsamt: Nach dem am 1. 10. 1927 in Kraft getretenen Ge- 32.20
setz über Arbeitsvermittlung und Arbeitslosenversicherung
wurde die Reichsanstalt für Arbeitsvermittlung und Arbeitslosenversicherung in Berlin zum Träger der Arbeitsämter, d. h., die
lokalen Arbeitsämter unterstanden damit der Reichsanstalt.

Alle Männer sind krasse Egoisten.: Elisabeths Argumentation 33.29
setzt jene Adeles aus dem Stück *Italienische Nacht* fort, die noch
in klassenkämpferischen Parolen über ihren Ehemann sagt:
»Mich beutet er aus, mich!« (SBB 43, S. 61)

da sitzt schon einer drinn, der uns ein Schinkenbrot kauft: Vgl. 34.17–18
hierzu Horváths Geschichte »Wer den Pfennig nicht ehrt, ist des
Talers nicht wert« (Bd. 11, S. 169 ff.). Um Marias Hang zur

»Prostitution« nahe zu legen, wird sie in vielen Inszenierungen zur Interpretin von Horváths Gedicht *A-erotisches Barmädchen* (Bd. 11, S. 20).

34.24–25 **Da staunt der Fachmann und der Laie wundert sich – –:** Seit den 1920er Jahren schicke Berliner Floskel, d. h., Maria zeigt sich hier sprachlich als Großstadtbewohnerin.

35.18 *betrachtet sich in ihrem Taschenspiegel:* Der zweifache Hinweis auf den Spiegel, verbunden mit Horváths Angabe, sein Stück sei »ein kleiner Totentanz in fünf Bildern«, lässt diese Szenerie fast als eine allegorische Bilddarstellung des bekannten »Vanitas«-Motivs erscheinen. Vanitas (lat. »Eitelkeit«, »Nichtigkeit«) ist die Darstellung der Vergänglichkeit alles Irdischen und der Allgegenwärtigkeit des Todes. Im Mittelalter findet die Vanitas Ausdruck v. a. in figürlichen Darstellungen wie »Frau Welt«, Totentanz und Lebensalter.

37.24 **Eisenbahnattentäter:** Anspielung auf Sylvester Matuska, der 1931 vier Eisenbahnattentate verübte. Am 15. 7. 1932 wurde er zu sechs Jahren schwerem Kerker verurteilt und seine Auslieferung nach Ungarn verfügt.

37.31 **Man darf die Hoffnung nicht sinken lassen.:** Mittels der kleinen Veränderungen des bekannten Spruchs, man solle die Hoffnung nie aufgeben, weist Horváth die Meinung des Schupos als Spruchweisheit aus und verweist zugleich noch einmal auf den Stücktitel. Damit bereitet er einerseits die anschließende Wertung solcher Aussagen vor. Dadurch dass sich später der Vizepräparator der gleichen Argumentation gegenüber Elisabeth bedient (S. 61), wird deutlich, dass es sich keineswegs nur um eine spezielle Ansicht eines Polizisten handelt.

37.32 **Das sind Sprüch.:** Mit dieser Antwort betont Horváth des öfteren unüberwindbare Diskrepanzen in der Argumentation wie etwa in den *Geschichten aus dem Wiener Wald* (SBB 26, S. 101) oder markiert den politischen Gegensatz wie im Stück *Italienische Nacht* (SBB 43, S. 45); bereits im Stück *Revolte auf Côte 3018* lässt er den Hinweis auf »die Befreiung der Arbeiterklasse« einfach kommentieren: »Des san Sprüch« (Bd. 1, S. 61).

37.34 **Glaube Liebe Hoffnung:** Angesichts dessen, dass Horváth den Titel des Stücks ausgerechnet dem Schupo in den Mund legt, und zwar kurz nachdem von »Sprüch« die Rede war, wird der Zuschauer kaum umhinkönnen, diese Charakteristik nicht nur auf die Reihung »Glaube Liebe Hoffnung« zu beziehen, sondern auch auf die Aussage, ohne diese drei gebe es »logischerweise kein Leben«. Einmal mehr lässt Horváth zwei Welten sprachlich aufeinanderprallen, die Welt des Glaubens und jene der Logik. Zudem setzt der Schupo keine Prioritäten, denn nach ihm »resultiert alles voneinander«, d. h., alles bewegt sich im Kreis.

Wir müssen doch alle mal sterben.: Wenn Horváth hier den »geläufigsten aller Gemeinplätze – als Trostformel angelegt« zitiert, dann klingt dies im »Kontext des Dialogs aus dem Mund des Bräutigams wie eine Beileidsformel, die nicht alle Menschen meint, sondern speziell das Fräulein Elisabeth« (Haag 1995, S. 105).   38.3

Liebe: Horváths Figuren sind fast durchweg auf der Suche nach der Liebe, weshalb er *Kasimir und Karoline* auch das Motto voranstellte »Und die Liebe höret nimmer auf« (SBB 28, S. 7). In *Geschichten aus dem Wiener Wald* stellt Marianne die zentrale Frage »Was ist Liebe?« (SBB 26, S. 22), die ihr Gegenüber unbeantwortet lässt. Elisabeths Hinweis auf die »Liebe« scheint als Antwort auf die Sterblichkeit aller Menschen zunächst lächerlich und sinnlos, doch im Kontext des Stückes wird einmal mehr der Zusammenhang von Liebe und Tod thematisiert.   38.4

ein Herz und eine Seele: Redewendung nach der Apostelgeschichte (4,32): »Die Gesamtheit der Gläubigen war ein Herz und eine Seele, und nicht ein einziger nannte etwas von dem, was er besaß, sein eigen, sondern sie hatten alles gemeinsam.« Zugleich wird dieses Bild einer innigen Liebesbeziehung mit dem Bild der toten Braut verknüpft, sodass Liebe und Tod für Horváth hier zusammengehören; daher folgt auf die Idylle und dem Herzen als Symbol direkt im Anschluss die Todesursache: »Sie hatte es mit der Leber zu tun.«   38.13

Bürgerkrieg: Anspielung auf die blutigen Auseinandersetzungen und Straßenkämpfe zwischen NSDAP-Anhängern auf der einen, KPD- und SPD-Anhängern auf der anderen Seite im Vorfeld der Reichstagswahlen am 31.7.1932. V. a. die Aufhebung des Verbots der SA und SS am 14.6.1932 führte zu einer dramatischen Eskalation der Zustände mit einer wachsenden Zahl von Toten und Verletzten, weshalb der SPD-Parteivorstand von   38.27

»bürgerkriegsähnlichen Zuständen in ganz Deutschland« sprach. Bei den Reichstagswahlen wurden die Nationalsozialisten mit 230 Sitzen stärkste Partei im Reichstag, während die SPD nur 133, die KPD 89, das Zentrum 75, die DNVP 37 und die Bayerische Volkspartei 22 Sitze errang.

39.9 **Kino**: Vgl. zur Bedeutung des Kinos für Horváth und dessen Verhältnis zum Film Evelyne Polt-Heinzl/Christine Schmidjell, »Geborgte Leben. Ödön von Horváth und der Film«, in: Kastberger 2001, S. 193–261.

39.32 **Tarock**: Kartenspiel mit einer unterschiedlichen Anzahl von Karten, das zu dritt gespielt wird.

40.1 **Mickymaus**: Eigentlich Mickey Mouse. Mit dieser 1927 entworfenen Figur für die Zeichentrickfilme und Comics von Walt Disney (1901–1966) entstand eine Ikone des Kinos, weshalb der Amtsgerichtsrat allein mit dem Titel seine Frau als Filmfreundin charakterisieren konnte. Vgl. hierzu auch Horváths Szenenentwurf aus der Fassung »Volksstück in zwei Teilen und einem Epilog« (GW 1988, Bd. 2, S. 716 ff.).

42.18 **Pflicht ist Pflicht.**: Mit dieser scheinbar tautologischen Maxime greift Horváth zum einen die Redeweise des Oberpräparators von den Pflichten auf, die rufen (S. 17), und zum anderen bereitet er die Zuschauer auf die kommenden Gemeinplätze vor, in denen ebenfalls die Pflicht als Handlungsmotiv betont wird (vgl. 51,17 u. 57,5).

44.3 *möbliertes Zimmer*: Mit der Wahl dieses privaten und intimen Schauplatzes für das Vierte Bild, ganz im Gegensatz zu den vier öffentlichen, »vor dem Anatomischen Institut« (Erstes Bild), im »Kontor der Firma Irene Prantl« (Zweites Bild), »vor dem Wohlfahrtsamt« (Drittes Bild) und im »Polizeirevier« (Fünftes Bild), knüpft Horváth an *Geschichten aus dem Wiener Wald* an, in dem Marianne – ähnlich wie Elisabeth – im »möblierten Zimmer« (SBB 26, S. 46 ff.) ihre Vorstellungen einer »glücklichen Liebesbeziehung« begraben muss. Vgl. auch Haags treffende Interpretation dieser Szene als »Grab der Liebe (des Glaubens und der Hoffnung)« (1995, S. 102 ff.).

44.6 *Herbstastern*: Für die Wahl dieser Blume als Geschenk und Liebesbeweis ist Horváth zwar auch die Symbolik der Astern als Toten- und Friedhofsblumen wichtig, doch von größerer Bedeutung dürfte der indirekte Hinweis auf die Jahreszeit sein sowie die entscheidende Information, das Vierte Bild spiele ein halbes Jahr später als das erste. Damit auch alle Zuschauer den Sinn dieses Blumenkaufs verstehen, nicht zuletzt die Verbindung von Liebes- und Todesblume, lässt Horváth die Figuren ausführlich darüber sprechen.

Oktobersonne: Horváths Regieanmerkungen können keineswegs, und dies gilt mittlerweile als Gemeinplatz, direkt und eins zu eins auf die Bühne gebracht werden, denn wie sollte der Zuschauer erkennen, dass draußen die Oktobersonne scheint und keineswegs das Sonnenlicht eines Septembertages auf die Dinge fällt. Insofern sind diese Anmerkungen bei der Lektüre »gewissermaßen als (ironischer) Autorkommentar« mitzudenken, und es ist Aufgabe der Regie, »auf einer anderen als der sprachlichen Ebene der theatralischen Informationsvergabe diesen epischen Kommentar zu vermitteln« (Bartsch 2000, S. 81 f.) So sollte die eher positive Stimmung mit Sonnenschein gleichwohl gegenüber den beiden »verregneten Szenen« (53,5 u. 66,18) als klarer Kontrast erkennbar werden.   *44.8*

Bild des glücklichen Friedens zweier liebender Herzen: Hier präsentiert Horváth jenes Kitschbild, das er in seiner »Randbemerkung« erwähnt, wenn er von den verkitschten Gefühlsäußerungen spricht (10,19).   *44.9–10*

eine innere Stimme gesagt: Mit diesem Hinweis wird den Zuschauern die Geschichte der Beziehung Elisabeths zu Alfons Klostermeyer ins Gedächtnis gerufen, konkret ihr zweites Zusammentreffen (S. 37 ff.). Denn entscheidend für sein Interesse an dem »Fräulein« war die Erinnerung an eine »liebe Tote«, die er gleich zweimal betont: seine »Braut«.   *44.16*

Kopfhörer: Radiohören war in den Anfängen stets verbunden mit dem Auflegen der Kopfhörer, wie es das neusachliche Bild von Kurt Weinhold (1896–1965) *Der Radiohörer* eindrücklich zeigt.   *44.26*

Radetzkymarsch: Nach dem populären österr. Feldmarschall Joseph Radetzky (Graf Radetzky von Radetz, 1766–1858) benannter Marsch von Johann Strauß (Vater; 1804–1849). Wie Chopins *Trauermarsch* war auch der *Radetzkymarsch* bereits in Horváths *Geschichten aus dem Wiener Wald* (SBB 26, S. 72) zu   *44.27–28* hören und Letzterer zudem in *Kasimir und Karoline* (SBB 28, S. 39).

45.2 **Opernübertragung. Aida.**: In den Anfangsjahren des Rundfunks waren Rezitationen und Opernaufnahmen beliebte Programmpunkte, wobei ital. Opern wie *Aida* (1871) von Giuseppe Verdi (1813–1901) besonders geschätzt wurden.

45.12 **die blöden Wahlen**: Gemeint sind die Reichstagswahlen vom 31.7.1932; vgl. auch 38,27.

45.20–21 **weil halt die Menschen keine Menschen sind**: In der ersten Fassung hieß es noch, »weil halt die Menschen wilde Tiere sind« (Bd. 6, S. 121) – eine Formulierung, die bereits Karoline verwendete, um menschliche Verhaltensweisen erklären zu wollen (vgl. SBB 28, S. 67, 144).

47.4 **Ausgerechnet Bananen!**: Dt. Version des Shimmy *Yes! We Have No Bananas* (Originaltext und Musik: Frank Silver und Irving Cohn) mit dem Kehrreim: »Ausgerechnet Bananen, Bananen verlangt sie von mir!« Dieser Schlager in der dt. Fassung von Beda (d. i. Fritz Löhner, 1883–1942) gehörte mit zu den erfolgreichsten und meistgespielten Melodien des Jahres 1923.

47.10 *Sittenpolizei*: Abteilung der Kriminalpolizei, die sich v. a. mit Sexualdelikten, unerlaubtem Glücksspiel u. Ä. befasst.

47.12 **Geduld bringt Rosen.**: Sprichwort, wonach die geduldige Haltung letztlich zum Erfolg führt.

49.21 **bestimmten Damenkategorie**: Indirekte Beschreibung für Prostituierte. Vgl. allgemein zur Rolle der »käuflichen Liebe« und der »Frau als Ware« in Horváths Werk: Belinda H. Carstens, *Prostitution in the Works of Ödön von Horváth*, Stuttgart 1982.

52.5 **Und meine Karriere?**: Elisabeths Frage wird später die Bühnenfigur Irene aus dem Stück *Eine Unbekannte aus der Seine* so beantworten, dass auch sie die Rolle der Frau im Verhältnis zu den Männern und den Paragraphen bestimmt: »Ja, jetzt muß ich büßen. Was ist auch eine kleine Unterschlagung gegen einen verdorbenen Lebensweg? Ich habe einmal in einer Novelle gelesen, daß die Frau die Pflicht hat, die Härte der starren Paragraphen durch Liebe zu erweichen – aber das begreife ich erst jetzt, wo es zu spät sein dürfte« (Bd. 7, S. 64).

52.9 **Entschuldigens, aber jetzt muß ich lachen – –**: Horváth markiert mit dem Lachen Elisabeths Reaktion auf Situationen, in denen sie wegen Männern angegriffen wird (vgl. auch S. 31). In einer »Skizze« – so der Untertitel – zum Text »Lachkrampf« lässt Horváth die Hauptfigur Charlotte Mager am Lachen ihr Ende finden, das er detailliert beschreibt: »Die Mager zuckte zusammen und fing ganz leise zu lachen an. Zuerst stotternd wie ein Idiot. Doch plötzlich schnellte sie empor und lachte schrill, [...] Warf sich zu Boden und wieherte, daß man das Zahnfleisch sah« (Bd. 11, S. 98).

Lachens Ihnen nur ruhig aus.: An dieser Stelle sah ein früherer 52.11
Stückentwurf noch ein positives Ende vor, weshalb der Oberinspektor Elisabeth seine Hilfe anbietet (GW 1988, Bd. 2, S. 735). Im direkt anschließenden Epilog sieht man Elisabeth daher als »Spitzel! Polizeimensch«, indem sie Maria verrät. Das Stück endet dabei keineswegs mit dem Tod Elisabeths, sondern mit einer Parade, der alle Figuren beiwohnen, und die Bühnenanweisung fordert dazu: »*Und nun schreitet der Herr Polizeipräsident persönlich die Front ab, gefolgt von seinem Stabe. Und die Sonne scheint und der Himmel lacht*« (ebd., S. 741).

Dunkel wars, der Mond schien helle: Anfangszeile eines Non- 53.18–19
sensgedichtes, das in unterschiedlichen Textvarianten vorliegt und in zahlreiche Sammlungen von Kinderreimen, Abzählversen und volkstümlichen Versen Eingang fand, etwa in der Form: »Dunkel war's, der Mond schien helle, / schneebedeckt die grüne Flur, / als ein Wagen blitzeschnelle / langsam um die Ecke fuhr.«

g sieben c drei: Feldangaben im Schach, wonach die waagrech- 53.19
ten Reihen durch die Zahlen 1–8, die senkrechten Reihen durch die Buchstaben a–h gekennzeichnet werden.

Schach: Ausdruck beim Schachspiel für die unmittelbare Be- 53.20
drohung der Figur des »Königs«, sodass der Gegner mit seinem nächsten Zug etwas dagegen unternehmen muss.

Matt: Ende des Schachspiels, da der »König« endgültig ge- 53.26
schlagen ist und durch keinen Zug mehr befreit werden kann.

Undank ist der Welt Lohn.: Sprichwort, mit dem die Undank- 54.17
barkeit der Umwelt beklagt wird, d. h., der erwartete Dank für die entsprechenden positiven Handlungen bleibt aus.

Ich find keinen Menschen, dessen Liebe mir etwas gibt.: Wieder 54.23–24 verbindet Horváth zwei seiner zentralen Themen, die Frage nach den Qualitäten des Menschseins und die Suche der Menschen nach Liebe, in einem scheinbar simplen Satz.

55.14–15 **aber der Mensch denkt – [...] – und Gott lenkt**: Das Sprichwort geht zurück auf die Sprüche Salomons: »Des Menschen Herz erdenkt sich seinen Weg; aber der Herr allein lenkt seinen Schritt« (16,9). Horváth schien es so sehr zu gefallen, dass er es bereits in *Geschichten aus dem Wiener Wald* (SBB 26, S. 34) verwendete.

57.1–2 **In stockdunkler Nacht**: Mit diesem Bild zeigt Horváth wie sich Metaphern zu Floskeln und Sprüchen entwickeln, denn Joachim greift gleich zweimal darauf zurück, vgl. 62,8–9; 65,17–18.

59.7 **Auge um Auge, Zahn um Zahn!**: Die dem AT entstammende Redewendung besagt, dass bei erlittenem Schaden Gleiches mit Gleichem vergolten werden soll: »Wenn ein Schaden entsteht, dann musst du geben Leben um Leben, Auge um Auge, Zahn um Zahn, Fuß um Fuß, Brandmal um Brandmal, Wunde um Wunde, Strieme um Strieme« (2. Buch Mose 21,23–25; vgl. auch 3. Mose 24, 19–20 u. 5. Mose 19,21). Im NT hält Jesus diesem alten Rechtsgrundsatz eine neue Lehre entgegen: »Ihr habt gehört, dass da gesagt ist: ›Auge um Auge, Zahn um Zahn.‹ Ich aber sage euch, dass ihr nicht widerstreben sollt dem Übel; sondern, so dir jemand einen Streich gibt auf deinen rechten Backen, dem biete den andern auch dar« (Matthäus 5, 38–39).

59.16 **wenn ihr mal recht blöd seid**: Horváth greift hier auf Textpassagen seiner Prosa zurück, zum einen aus der Skizze »Mein Onkel Pepi« (Bd. 11, S. 161), zum anderen aus dem 1929 verfassten Roman *Sechsunddreißig Stunden* (Bd. 12, S. 17).

60.10 **Nichts**: Wie sich Horváth diesen Zustand vorstellt, beschreibt er eindrücklich in seinem »Märchen« – so der Untertitel des Textes »Der Gedanke« (Bd. 11, S. 174 ff.).

61.1–2 **Nur nicht die Hoffnung sinken lassen**: Mit genau diesen Worten des Vizepräparators und der Regieanweisung, dabei Elisabeth »übers Haar« zu streichen, die sich zuvor aktiv zeigt und »den Herrschaften etwas offerieren« will, endet der frühe Entwurf *Glaube Liebe Hoffnung. Volksstück in sieben Bildern* (Bd. 6, S. 129).

62.28 **Parade**: Mit den wiederholten Hinweisen auf den bevorstehenden prunkvollen Aufmarsch staatlicher Verbände, Polizisten oder Soldaten, auch »Formation« genannt, welche die letzten Szenen durchziehen, lässt Horváth die Staatsgewalt sinnlich präsent werden: sei es durch die Uniform, sei es durch das Ritual mit den weißen Handschuhen (62,27; 64,25; 65,4–5).

Residenz: Hier handelt es sich vmtl. um die ehem. »Königliche Residenz«, ein Renaissance-Bau der Wittelsbacher, an der Nordseite des Max-Joseph-Platzes in München gelegen. 62.30

Schutzhaft: Nach § 15 des Polizeiverwaltungsgesetzes vom 1.6.1931 konnten Personen in polizeilichen Gewahrsam genommen werden zu ihrem eigenen Schutz, zur Beseitigung einer bereits eingetretenen oder zur Abwehr einer unmittelbar bevorstehenden Störung der öffentlichen Ordnung, wenn andere Mittel nicht zur Verfügung standen oder keinen Erfolg versprachen. Die Festgenommenen mussten spätestens im Lauf des nächsten Tages wieder entlassen werden. 63.23

Höchste Eisenbahn: Scherzhafte Redensart nach Adolf Glassbrenners (1810–1876) Figur des Briefträgers Bornike in *Ein Heiratsantrag in der Niderwallstraße* (1847), nach der es allerhöchste Zeit ist, etwas zu tun. 64.23

Du armes Menschenkind. [....] Ich hab kein Glück.: Horváth setzt hier jene »masochistische Manier« in Szene, die »geil auf Mitleid« (10,20–21) zielt, wie es in seiner »Randbemerkung« heißt. Der Tod Elisabeths interessiert Alfons Klostermeyer nur bezüglich seiner momentanen Befindlichkeit, ebenso wie er all seine bisherigen Beziehungen nur hinsichtlich seiner Zwecke zu bestimmen weiß: »Ich find keinen Menschen, dessen Liebe mir etwas gibt« (54,24–25). 66.9–10

Ich lebe, ich [...] so fröhlich bin ––: Geflügeltes Wort, das auf einen aus dem Mittelalter überlieferten Spruch zurückgeht: »Ich kam, weiß nicht woher, / ich bin und weiß nicht wer, / ich leb', weiß nicht wie lang, / ich sterb' und weiß nicht wann, / ich fahr', weiß nicht wohin. / Mich wundert's, daß ich so fröhlich bin.« Vgl. zur Geschichte dieses Spruchs Gerd Dicke, »›Mich wundert, das ich so frölich pin.‹ Ein Spruch im Gebrauch«, in: Walter Haug/Burghart Wachinger (Hg.), *Kleinstformen der Literatur*, Tübingen 1994, S. 56–90. 66.12–15

NF 1060/1/10.14

- Peter Camenzind. Kommentar: Heribert Kuhn. SBB 83.
215 Seiten
- Siddhartha. Kommentar: Heribert Kuhn. SBB 2. 192 Seiten
- Der Steppenwolf. Kommentar: Heribert Kuhn. SBB 12.
312 Seiten
- Unterm Rad. Kommentar: Heribert Kuhn. SBB 34. 288 Seiten

Ödön von Horváth
- Geschichten aus dem Wiener Wald. Kommentar: Dieter
Wöhrle. SBB 26. 176 Seiten
- Glaube Liebe Hoffnung. Kommentar: Dieter Wöhrle.
SBB 84. 152 Seiten
- Italienische Nacht. Kommentar: Dieter Wöhrle. SBB 43.
162 Seiten
- Jugend ohne Gott. Kommentar: Elisabeth Tworek. SBB 7.
208 Seiten
- Kasimir und Karoline. Kommentar: Dieter Wöhrle. SBB 28.
160 Seiten

Franz Kafka
- Brief an den Vater. Kommentar: Peter Höfle. SBB 91.
163 Seiten
- Der Prozeß. Kommentar: Heribert Kuhn. SBB 18. 352 Seiten
- In der Strafkolonie. Kommentar: Peter Höfle. SBB 78.
132 Seiten
- Das Urteil und andere Erzählungen. Kommentar: Peter
Höfle. SBB 36. 188 Seiten
- Die Verwandlung. Kommentar: Heribert Kuhn. SBB 13.
144 Seiten

Marie Luise Kaschnitz. Das dicke Kind und andere Erzählungen. Kommentar: Asta-Maria Bachmann und Uwe
Schweikert. SBB 19. 250 Seiten

NF 1060/4/10.14

Martin Walser. Ein fliehendes Pferd. Kommentar: Helmuth Kiesel. SBB 35. 176 Seiten

Robert Walser
- Der Gehülfe. Kommentar: Karl Wagner. SBB 102. 312 Seiten
- Geschwister Tanner. Kommentar: Margit Gigerl und Marc Caduff. SBB 97. 407 Seiten

Frank Wedekind. Frühlings Erwachen. Kommentar: Hansgeorg Schmidt-Bergmann. SBB 21. 160 Seiten

Peter Weiss
- Abschied von den Eltern. Kommentar: Axel Schmolke. SBB 77. 191 Seiten
- Die Verfolgung und Ermordung Jean Paul Marats. Kommentar: Arnd Beise. SBB 49. 180 Seiten

Christa Wolf
- Der geteilte Himmel. Kommentar: Sonja Hilzinger. SBB 87. 337 Seiten
- Kein Ort. Nirgends. Kommentar: Sonja Hilzinger. SBB 75. 157 Seiten
- Kassandra. Kommentar: Sonja Hilzinger. SBB 121. 269 Seiten
- Medea. Kommentar: Sonja Hilzinger. SBB 110. 255 Seiten

Stefan Zweig. Schachnovelle. Kommentar: Helmut Nobis. SBB 129. 114 Seiten

NF 1060/5/10.14

Fremdsprachige Literatur
in der Suhrkamp BasisBibliothek

Gerbrand Bakker. Birnbäume blühen weiß. Übersetzer:
Andrea Kluitmann. Kommentar: Andreas Ecke. SBB 137.
180 Seiten

Henrik Ibsen. Nora oder Ein Puppenheim. Übersetzer:
Angelika Gundlach. Kommentar: Andrea Neuhaus. SBB 133.
162 Seiten

Molière
- Der Geizige. Übersetzer: Annegret Ritzel. Kommentar:
Andrea Neuhaus. SBB 136. 140 Seiten
- Der eingebildete Kranke. Übersetzer: Johanna Walser und
Martin Walser. Kommentar: Andrea Neuhaus. SBB 123.
118 Seiten

William Shakespeare. Romeo und Julia. Übersetzer: Erich
Fried. Kommentar: Werner Frizen und Detlef Klein. SBB 115.
232 Seiten

Bernard Shaw. Pygmalion. Übersetzer: Harald Mueller.
Kommentar: Andrea Neuhaus. SBB 128. 162 Seiten

NF 1062/1/10.14